商周出版
人與法律

如何在訴訟中說服法官

律師不會告訴你的事4

張冀明 Victor C. M. Chang ——著

全新增訂版

最全面的訴訟作戰藝術

專文推薦

必也無訟；訟也必勝之道

王明智

張律師是我的大學同學，成績一向名列前茅，又是個信仰虔誠的基督徒，他總是展現自信笑容，對生命及社會充滿熱情與愛。從他的「律師不會告訴你的事」系列書籍可以看出他對訴訟、當事人、司法制度、律師角色、人文關懷，都展現高度專業、執著及期許。

律師是司法體系重要的一環，幫助法官及當事人發現事實，完成審判。隨著社會風氣改變，一般人想要找到擁有專業、熱情、有同理心的律師似乎日漸困難，但閱讀張律師的大作，可看出他對訴訟實務操作及對法官的觀察與瞭解，有相當程度的掌握，而他願意將自己多年的經驗無保留地全盤分享予社會大眾及新進律師，更屬難能可貴，令人敬佩。

有別於法界人士常使用法律專業語彙，使各種法律及訴訟書籍對一般人來說若「有字天書」般艱澀難懂，張律師的系列作品使用生動、流暢、淺顯易懂的庶民文字與讀者溝通，讓讀者可以輕易進入法律的世界，加強普羅大眾的法律常識，使我這個近四十年的法律逃兵感到既驚豔又感動，不自覺地再三閱讀，找回以前念法律的記憶。

本書第一部〈訴訟，是一種選擇〉完整呈現訴訟可能面對的風險及當事人可能無法承擔的成本，甚至不可預料的狀況，是張律師數十年的法庭實務經驗的真實體會，他引用聖經《馬太福音》第七章第三節：「為什麼看見你弟兄眼中有刺，卻不想自己眼中有梁木呢？」提醒讀者冷靜看清自己的錯誤，正確解讀訴訟，或可做出息訟向前看的智慧選擇，讓法官更有時間、精力提升審判品質。對於靠訴訟案件謀生的律師來說，提出這樣的觀點需要很大的道德勇氣與大愛。近年來，許多人士不思提升服務品質及產業競爭力，反而處心積慮想以訴訟手段打擊同業，結果往往適得其反，損人不利己！張律師的殷切提醒，更顯得如暮鼓晨鐘般發人深省。

本書第四部提到面對法官審理的十種態度與方法，可謂條條有理、見解獨到，累積了張律師半甲子的功力。我過去曾歷經多起同業意圖以訴訟打擊本人聲譽及企業商譽的情況，對張律師提到的要點深有所感：決定興訟前後必須收起情緒，理智面對自己的錯誤，冷靜綜觀全局；如果做不到，一定要請有智慧又肯為你著想的好朋友或專業律師，協助釐清各種有利、不利的情況，並整理事實，才能有好的選擇與結果。

本書另提到將糾紛故事依時間先後列表做成大事記以建立個別樹木，再將樹木集成樹林，反覆觀看，瞭解樹林全貌及個別樹木的相對位置，猶如瞭解糾紛故事及細節的關係，從而選擇有利於己的樹木……這樣的比喻非常有創意，貼切又實用，值得咀嚼再三。

張律師的大作淺顯易懂，引人入勝，我先睹為快，在收到書稿後一氣呵成地看完，才滿足地進入夢鄉；它帶給我這半個法律人瞭解訴訟各環節全貌的喜悅，不可言喻。本書也教導讀者如何成為一個與律師並肩作戰的堅實戰友，提供律師打仗所需的各種實用武器，且提醒不要固執己見，做好各種準備及功課。果真如此，相信律師必定會全力以赴，而審案法官也能通盤瞭解訴訟事實，做出最好的審判。

我常告訴學生，「能夠利用別人的經驗與智慧幫助自己成長的人，才是真正有大智慧的人」，感謝張律師以類似宗教家的愛，將畢生法學功力、經驗、智慧，透過本書及系列書籍傳承給需要瞭解司法運作的人，並且提供新進律師猶如經典般的實用指導。

本文作者為台大法律系校友，前文城補習班主任，前台北市補教協會理事

專文推薦

換位思考，說服致勝

何代水

「毛遂自薦」這句成語眾人耳熟能詳。戰國時期秦國圍攻趙國，趙國的平原君企圖向楚國求救，門下食客毛遂自告奮勇前往，以三吋不爛之舌說服楚王支持「聯趙抗秦」的策略，解除趙國的危機。若將這個故事穿越到現代的訴訟情境，具有肅殺氛圍的楚國王廷便可類比於激烈攻防的「法庭」，而那位已有成見的楚王便是應用心證的「法官」，毛遂則成為處於劣勢的「被告」。試問：毛遂要如何在法庭上說服法官？

答案可見於張大律師的這本新作，他將告訴當事人如何換位思考，瞭解法官的立場與感受，以及如何收起恐懼或憤怒的情緒，回到理智，擬定攻防策略，在法庭上說服法官支持他的主張。

「法律之前，人人平等」早已成為現代社會的普遍原則，然而由於訴訟當事人的經濟條件與學識經驗不對等，法律人的素質參差不齊，再加上媒體與政治的興風作浪，如果當事人沒有做好攻防準備，很可能在面對強大的訴訟壓力下而出錯，導致法官產生負面心證，因而遭到不利判決。畢竟法官也是人，猶如張律師所言：「法官不是機器，無法操控；法官不是神，可能犯錯；法官是人，會受到訊息與情感影響。」因此，本書提綱挈領地指出如何避免讓法官對當事人產生不好印象，以及如何兼顧情法清晰地表達，讓法官真正瞭解案件事實而做出判決。

訴訟是將自己的問題交給法官決定。如果不設身處地站在法官的角度與感受去思考，只顧喋喋訴說自己的主張與不幸，在法官無法瞭解你處境的情況下，或是法官心證早已偏向檢察官的論點時，則訴訟風險就會大幅提高。

張冀明律師本於訴訟數十年的經驗，體會到法官審判的心理無外乎基於人性及常情，並歸納寶貴的經驗與技巧，教導當事人要換位思考，領會法官的感受與思維，則較易掌握法律訴訟的遊戲規則，分析如何與法官溝通互動，也能擬出法律攻防策略。

敝人的好友張律師德才兼備且學養兼優，累積大量法律案件的實戰經驗，觀察訴訟的各種面向，總結而成「律師不會告訴你的事」系列四本書。他深具基督徒悲天憫人的胸懷，體恤面臨訴訟而不知所措的當事人，鉅細靡遺整理出訴訟的要點與面對訴訟的正確心態。張律師不僅是「百戰不殆」的律師，同時具有撫慰人心的好牧師胸懷，個人深感敬佩。

本文作者為英業達集團英華達股份有限公司總經理

專文推薦

最會談判的人「考量對方感受，不單純考量效益」

陳愷新

在台大法學院讀書時，就認識了同住宿舍的冀明，他看來溫文儒雅且帶著一點文青氣質。後來看著他一路發展並赴美求學，之後在知名的律師事務所經辦各種大型案件，我衷心為他的努力及表現感到驕傲。冀明在工作上雖然很有成就，更難能可貴的是，他對家庭及朋友的付出與細心關懷。每一次見到他時，總能在他身上看到助人的善念，以及溫文和善的氣質。

畢業投身商場後，或許是高度追求效益的習慣使然，也或許隨年紀增長對人性價值有了更細膩的詮釋，法律對我而言，開始轉變成風險控管的機制與行事準則。因為企業經營的法律風險無處不在，適法為基石，而我更深的感受是，企業若無風險評估與分析能力，潛藏的訴訟與竊盜人性，常是最致命的成本與名譽損傷。所幸我有緣與冀明相熟得早，他對於法律的熱情與人性之關懷異乎常人，在砥礪其自身成長之外，對我們這些在商場的好友也總是不吝耳提面命。

執業多年的他，近年更在信仰信念的驅動下，將訴訟心法撰述成「律師不會告訴你的事」系列叢書，將多年體悟無私地與群眾分享，期望以一己之力協助健全司法體制與訴訟者的正常人生。每當咀嚼冀明的文字時，充分感受到理性至上、能言善戰的辯士學派風雅，但多了份他獨有的悲憫胸懷。

當冀明再次告知因讀者迴響熱烈，他將重新思索帶給自己與讀者成長的命題時，最終我看到下筆的「如何在訴訟中說服法官」這個議題，心中滿是佩服與期待。因為要突破對立角色，以法官的角度反思詮釋，於公於私都是挑戰自我智慧之道的大作。而這次作品也是我對這系列叢書最有共鳴與親近感的一部，因為本書再再強調的，恰是我每天所遇「談判」的本質，即是：「成功談判的關鍵，在於表述方式」的領悟！

幾年的職涯生活，我常碰到下屬同仁自信滿滿地告訴我，某專案如囊中之物，勢在必得；又或者幕僚評估內外部風險，認為我們的策略絕對可取得談判優勢。然而，幾次的鎩羽而歸，檢討下來凸顯出一個共同點：眾人過於注重事實導向，而忽略人和流程的變數是否主宰了認同感。這些認同感的變因，如冀明在文中的提點，可能就是來自於我們面對的談判者（法官）的經驗、性格、知識及生活體驗。「考量對方感受，不單純考量效益」是我在此書重新拾回的最深共鳴，也讓我看到剝除了繁文縟節的專業性，更可以看清楚最簡單卻也智慧的解決之道。

最後呼應文末篇章提到，一位好的律師，應該是帶領當事人走過訴訟大海的「領航者」，也是當事人遭遇訴訟挫折時的「安慰者」，更是訴訟問題的「解惑者」，「不論律師市場如何變化，如果你有『自己是主人，律師是僕人』、『自立自強，監督律師』、『與律師並肩作戰』等正確觀念，無論你的律師具備何種特質，你都能與他共同打一場美好的仗」。冀明以其悲憫博學之心，向身陷法律泥沼之人多次伸出援手，甚至編撰成工具書，舌敝脣焦地給予眾人提點。然而，根據晚生多年職場的經驗，我始終奉臬「天助自助者，自助人恆助之」之道，唯有我們自身在尊重專業外，更肩負責任與同理心，才是讓您我能「獲得更多」的談判之道。

本文作者為前賽仕電腦軟體股份有限公司總經理

專文推薦

將訴訟的基本工夫運用得出神入化

彭旭明

台灣媒體曾報導張冀明律師是律師界「四大惡人」之一，概因張律師具有扎實法學素養，並以周詳細膩解析、犀利訴訟刀筆、果敢堅毅勇於任事地守護當事人權利，每每使得對造又畏又敬，故而有此一封號。

但以我與張律師交往多年之瞭解，他應該更稱得上是律師界的「大俠」，如果拿金庸武俠小說中的人物比喻，他應可稱得上是喬峰與郭靖，俱是武功高超、重情重義且心存慈悲之大俠英雄。因此我深感榮幸能有此機會，為他繼「律師不會告訴你的事」三本系列書後的此部佳作寫序，很難想像他可以從訴訟中寫出如金庸小說系列般多本「訴訟武功易筋經」，嘉惠於讀者大眾。

回想與張律師初次見面已是三十多年前，那時我投資的公司遭人惡意虧空，因而蒙受重大損失，在危急存亡之際，幸經友人介紹委請張律師處理，他古道熱腸地陪伴公司走出困境。爾後我們成為好友，雖不再有業務合作，但看他不斷自我提升且成功處理許多知名案件，讓我感到能因歷經事業困境而結識一位律師好友，實有「塞翁失馬」之幸！

從張律師於二〇〇七年首次發表《律師不會告訴你的事》一書迄今又過了許多年，他以處理客戶事務的用心態度，將不斷體悟的訴訟經驗陸續發表為第二、三本著作分享給讀者，我著實佩服他的執著及毅力；更可貴的是，與他多年交往中，從未見他因律師經驗快速累積而成為「大律師」的同時，失去剛執業的初衷，由他各著作中所展現的人文關懷，及殷殷叮嚀讀者不要草率打官司，即可見一斑。

張律師發表此新作前，我曾有機會瞭解他寫作的動機。他表示在卸下律師戰袍的幾年間，曾為朋友及客戶提供法律諮詢，發現他們都犯了相同的錯誤，甚至有些問題反覆發生，於是他醞釀了本書內容，如今總算再度完成他的心願，相信此書必能給予正面臨官司問題的人及時的幫助，更能啟發讀者理解司法實務。

尤其，張律師以淺顯文字介紹司法實務，包括法官的產生、素質及如何審判，讓讀者容易掌握法官審判實務的要點。他強調訴訟當事人必須格外關注法官的想法及反應，如同武俠小說中的高手總是細膩關注各方反應，出手絕不落空，招數恰到好處；閱讀張律師的新作彷彿親臨法庭訴訟現場，觀看一場扣人心弦的高手過招，精彩萬分。

張律師在書中提到，與法官應對的最好方式，是將法官視為一張白紙，因為法官雖為法律專家，但他們對具體案件的糾紛事實，於審理之前可能毫無所悉，所以當事人應該思考如何讓法官從零開始掌握案件內容，且必須細心在這張白紙上描繪。此道理看似淺顯，但猶如武功高手不是憑藉花俏的動作，而是立基於扎實的基本工夫，張律師則顯然已將訴訟的基本工夫運用得出神入化。

每個人對司法現狀都有自己的看法，但張律師以積極的態度提醒讀者，如果在訴訟中遇到用心的法官，就該以用心的態度回應法官；若不幸遇到不用心的法官，他強調當事人應以更用心的態度督促法官，使他們歸正，至少在你的案件上，應回歸謹慎態度，才能創造優良的司法環境。對此我深表贊同，無論你是否官司纏身，身為現代社會的一員，多瞭解司法實務絕對有利於平安度日，建議讀者細讀此書，絕對有益。

本文作者為正新聲響振動工程顧問股份有限公司總經理

專文推薦

訴訟，就是與法官、對造的溝通

顧念妮

張律師是我從事律師工作的啟蒙老師，那時我剛完成碩士學位投身職場，幸運之神安排我接受張律師的指導，那是一段非常辛苦但也非常懷念的七年歲月。當他請我為他的新作寫序時，我簡直不敢相信有此榮幸，腦海裡不禁憶起那段美好的學習歲月。

細讀前輩著作，字字珠璣，腦中不斷浮現當時與張律師共同打過的美好訴訟戰役。他在書中所言都是當時教導我的寶貴經驗，如今他系統整理分享給大眾，我算是受益最豐富的讀者，不僅可以重新咀嚼書中精髓，做為督促自己前進的動力，更可隨時開卷有益，成為我律師執業的寶典。

張律師此次新作主要提醒打官司的人，應注意從法官的角度客觀看待自己的糾紛事實，且應做好與法官的溝通準備，此再次讓我想起過去與張律師共同「打仗」，親眼目睹他在法庭戰場上的一舉一動。尤其在一起多名企業經理人遭檢方起訴違反證券交易法的刑事案件，當時法庭中有多位律師共同為著他們受任的當事人辯護，有的律師無視法官當庭對未來訴訟計畫的裁示，僅一廂情願地表達開庭前準備的一己之見；稍微機靈的律師，則隨時應變、立即瞭解並回應法官要求；而張律師不僅瞭解法官的計畫，更進一步地反轉被動角色，主動與法官討論法官開庭時才臨時裁示的未來訴訟計畫是否可行、對案件審理是否有更好的安排、引導法官且取得法庭戰場的主導地位，而其他律師代理的當事人也因此受惠，最終全數被告都獲判無罪確定。

我還想起另一宗事實複雜、法律議題困難的行政訴訟案件，法官雖可主導法庭的調查過程，但他或因未事先研究卷宗，或因木訥個性使然，與訴訟雙方沒有太多互動。開庭幾次後，兩造仍不清楚法官是否已明瞭該案件核心議題為何，以及法官心證為何，但張律師於每次開庭前均細細斟酌本次開庭應向法官強調哪些案件重點，於該案審理過程中主導訴訟議題，並將對方導引陷入他先前布局的策略當中，藉由每次開庭雙方的攻防過程，導引法官朝我方有利的方向審理，讓我印象深刻，我始終以此為學習的圭臬。

另外，本書提到「與法官的書面對話」，讓我深有所感。張律師提及他開始執業律師的撰狀經歷，以及恩師教導與修改他的書狀等等，同樣讓我想起他當時修改我及同事的書狀的情況。無論張律師有多少案件需要處理、無論我與同事的執業經驗多寡及對案件是否準備充分完整，張律師從不懈怠，仍堅持親自從對當事人最有利的角度及想要達到的訴訟布局方向著眼，字字斟酌、錙銖必較地修改，且速度之快超乎想像。他不僅對書狀內容的事實鋪陳、法律適用要求嚴謹，更會指導我如何形塑個案的訴訟策略、有效地與法官溝通；他也不時提及他恩師的教誨，並毫不吝嗇地分享傳承自恩師的「訴訟祕笈」，嘉惠於後進。我承認當時書狀被「大改」，心中難免對於還無法達到張律師撰狀功力感到沮喪，但如今回想，我在那段過程中學習更多，而且願意如此費時費心提攜後進的前輩實在不多，我非常幸運，至今仍非常感謝張律師的用心。

張律師先前暫時放下律師工作回到家庭，而我也決定出國深造，無法繼續跟隨張律師打仗，但我衷心感謝他過去對我的指導。我雖未完全學會他的訴訟精髓，但他當年為當事人用心付出的精神，深深影響我這個初出茅廬的小律師，也成為我終生的執業原則。如今有此榮幸為他的新作寫序，從他的新作中讓我再次得到激勵，看到一位已奮鬥數十年的前輩律師依然如此努力，我這後學晚輩豈能怠惰！

本文作者為執業律師

Contents

律師不會告訴你的事4
如何在訴訟中說服法官

目錄

律師不會告訴你的事4

如何在訴訟中說服法官

目錄 Contents

前言

不同於我過去發表的從當事人操作訴訟的角度所寫的《律師不會告訴你的事1：打贏官司的三十大心法》、《律師不會告訴你的事2：訴訟糾紛全攻略》及《律師不會告訴你的事3：你最好要知道的司法真相》三本書，本書是從法官審判的角度切入，提醒當事人在打官司之前，除了必須考量自身的利益，更應思考法官（檢察官）辦案的情境，避免一廂情願地操作訴訟，才能達到互利雙贏的結果。

本書初版於二〇一六年問世迄今蒙讀者愛護，未因時空更迭而失去市場地位。然而，法律隨著台灣社會變化而修改，法官審理糾紛案件的相關法律，在本書付梓不久後紛紛頒布，如：《商業事件審理法》、《勞動事件法》、《國民法官法》等，且就涉及憲法議題的《司法院大法官審理案件法》也於二〇一九年修正公布為《憲法訴訟法》，憲法法庭應運而生，由大法官組成的憲法法庭，拓展了「於訴訟中說服法官」的領域。為符合出版宗旨，本書內容自有增修的必要。

訴訟戰場主要在法庭內，相關人士包括訴訟雙方、律師和裁判勝負的法官。《律師不會告訴你的事》前面三本系列書籍都是從訴訟雙方的角度出發，著重訴訟的布局及策略，未從主導審判的法官或偵查的檢察官立場，介紹他們的角色、心證，以及如何做出判決或處分。本書的出版，恰好完整呈現了法庭訴訟的面貌。

法律是民主法治社會的遊戲規則，法律的價值在於維繫社會和諧，社會大眾藉由法律清楚知道什麼可以做、什麼不可以做。萬一不幸發生糾紛時，透過法律所定的訴訟程序規則，經由法官的審理或檢察官的偵查，得以落實法治的精神。因此，法官的審判及檢察官的偵查應具備一定的法則，讓主導審判的法官（或偵查的檢察官）及訴訟雙方在過程中有個客觀依循的準則，也讓處理的結果受到公評。

在我協助當事人處理糾紛案件的經驗中，有幸與不少法官（檢察官）交手，藉由眾多個案經驗，能夠體會法官（檢察官）的辦案心理，而眾多訴訟成果更讓我明白，法官（檢察官）辦案不外乎基於人性及常情，更重要的是，法庭戰場是刀鋒劍影的言詞對決，懂得與法官（檢察官）溝通互動，才是致勝的關鍵。

訴訟是將問題交給法官（檢察官）決定。如果當事人在法庭中，只是一股腦地說著自己的案情，沒有考量法官（檢察官）是否聽懂你所陳述的內容，也未考慮法官（檢察官）的立場和感受，訴訟風險必然提高。

——

本書一開始提醒讀者，訴訟是一種選擇，是將自己的事情交予第三人處理的過程，這不是一條好走的路，在走進訴訟之前，務必理解訴訟是包含糾紛雙方與法官（檢察官）之間的互動，除了須考量訴訟對方的態度及想法，更要注意處理訴訟的第三者——法官（檢察官）——的態度及想法，才能做好訴訟的準備。

其次，我從法律的規定及實務操作的面向，介紹法官（檢察官）如何辦案，主要從法官（檢察官）的產生及分類（如：專業法官、國民法官、大法官等等）、不同的訴訟規則、實務狀況三方面，帶讀者瞭解審判的精神，以及實際審判的作業。認識遊戲規則，才能決定要不要加入訴訟戰爭。此部分涉及訴訟的程序，而政府為回應人民對司法改革的訴求，持續增訂或修改相關規則，本書新版因此配合修正。

接著，我根據多年的訴訟經驗，建議當事人可以如何協助法官審理你的案件，尤其著重「與法官（檢察官）的溝通」及「案件的操作技巧」，並且介紹不同訴訟的進行過程，以及各種訴訟中應配合法官（檢察官）辦案的方式，包含應採取什麼樣的訴訟作為，提醒當事人要瞭解不同身分的法官（檢察官）會如何看待你的案件，以便採取不同的因應策略。

最後則是提出面對法官（檢察官）辦案的十種態度及方法，建議當事人盡可能與法官（檢察官）保持良好溝通，協助法官（檢察官）瞭解糾紛事實。

在協助當事人處理各式各樣的訴訟糾紛中，見過形形色色的法官（檢察官），最令我佩服及印象深刻的，是用心以及具有悲天憫人胸懷的法官（檢察官）。

在一件事實複雜且涉及多份國外鑑定報告的民事案件中，我承擔當事人希望二審翻案的壓力，費盡心思提出多份上訴理由書狀。原本以為審理的法官將採取一般做法，每次開庭僅花十幾分鐘聽取訴訟雙方的主張與說詞。沒想到這位用心的法官專程排開其他案件，每次單獨以半天的時間進行審理，或從早上九點半到下午一點，或從下午兩點到六點，而且她開庭時總是帶著自己註記的重點問題詢問訴訟雙方。那時的我已是具有二十年訴訟經驗的律師，面對這位認真的法官雖備感壓力，卻格外欣慰與感動，且有說不出的興奮。

另一位心胸悲天憫人的法官，是審理「醫生殺妻案」的一審法官。他雖不善言詞，但從他開庭時的神情，可以明顯感受到他深知告訴人當時坐著輪椅，或已不久人世，乃採取積極審理的行動。對於這件當時曾引起社會關注的爭議案件，有些法官或許會選擇拉長審理時間，以時間換取訴訟雙方放下情緒，創造和解的空間，以迴避裁判的壓力。但這位法官深具道德勇氣，正面處理被告有無殺人未遂的故意及行為，以回應已失去健康且不良於行的告訴人對司法的期待。最終，這位法官確實達成了當事人的期待。

本書最後，我將論及法官（檢察官）的辦案與決定勢必會影響社會價值，訴訟雙方不應濫用司法資源，除了積極協助法官（檢察官）瞭解事實，更應避免濫行訴訟，以減輕法官（檢察官）不必要的工作負擔，創造一個合理的司法辦案空間，才能讓司法實務的結果帶給社會更多正面的價值，進而改變社會風氣。

感謝讀者對本書的支持與愛護，期盼藉由內容改版能繼續發揮效用，協助想打官司的人，智慧做出選擇；且祝福所有法官（檢察官），智慧做出判決（或處分）。感謝天父以此長闊高深的智慧，讓我有機會藉由《律師不會告訴你的事》四本系列書籍，完整呈現法庭訴訟的樣貌，賜我美好的商周專業團隊反覆提醒及費心編輯，得以繼續發揮本書及其他系列書的出版目的。期望在持續的律師工作上，能以這四本著作，為訴訟多注入一點人性關懷，為好的司法環境奉獻一己之力。

張冀明

第一部

訴訟，是一種選擇

訴訟是一條不好走的路

常言道：「不要打沒有把握的仗。」面對人生事業的選擇如此，面對要將勝負交給第三人（法官）決定的訴訟案件，豈能不更加慎重？

一位好友帶著妻子前來拜訪，希望我能為他們解決法律難題。原來是好友妻子的哥哥涉入複雜的股市投資，以致產生許多難解的交易糾紛；由於投資來源是向母親借貸，在哥哥不幸過世後，身為債權人之一的母親因此捲入多起官司。

他們夫妻忙於事業，所以聘請了可信賴的律師代母親打官司，但少有時間過問進展，幸好律師也算表現稱職。可惜好景不常，原本的委任律師因投資企業經營而無法專注於法律業務；甚且，許多資料因當事人過世無法取得，但律師不斷要求他們必須再提出證據，而他們從未關注承審法官瞭解這起糾紛案件的程度，彷彿訴訟的成敗完全取決於提出證據。他們似乎一廂情願地認為只要專注於如何再尋找到有利的證據，就能取得訴訟勝利，脫離目前的困境。

聽完一連串猶如八點檔連續劇情的真實故事，我沒有立即分析與評斷法律細節，而是先瞭解他們面對這個訴訟困境，想要達到的**訴訟結果**是什麼？由於他們已經獲得一審勝訴，於是天真地回答說：「希望趕快結束官司，拿回應得的錢。」

根據我多年的實務經驗，他們的期待與現實有極大的落差。首先，因為這場訴訟的對造是股市老手，為了防止金錢損失，必定會以其他手段繼續訴訟大戰，甚至是擴大戰場，以其他訴訟阻止好友的岳母獲償。其次，這起案件涉及複雜的金融交易，雙方提出的資料是否容易理解、法官能否掌握關鍵問題及糾紛始末，皆無法確定，勢必影響法官決定結案的時程。這樣的爭訟狀況有可能拖延達十年以上，即使最終獲得勝訴，其後還可能面臨對方不願自行履行，而須走入強制執行程序，對方還是可以其他法律手段藉口阻撓。試問一位年邁的母親還有多少個十年，可以面對漫漫的訴訟人生？

我請教好友的妻子，如果她母親知道這場官司可能得再打個十年，她會選擇繼續打下去嗎？為人子女，她會希望母親選擇什麼樣的晚年？就算我願意伸出援手，也無法保證法官能盡早判決他們勝訴，讓他們短期內就能拿回金錢。我不禁自忖：

我真的能幫助他們嗎？我應該建議他們怎麼做呢？

好友夫妻原本一心以為可以聽到解套的辦法，所以當他們得知訴訟可能會持續十年時，都露出驚訝的表情，陷入茫然的沉思。我固然不忍看好友無助失措，但更不想他們因為不清楚訴訟的現實狀況而做出不理智的選擇，陷入結果難料的訴訟噩夢。

我期盼所有當事人都能真實理解訴訟的各種可能性，尤其訴訟是將自己的糾紛交由法官決定，除了本身必須做好訴訟準備與操作，還要注意法官是否理解糾紛案件的原委。確實瞭解自己的訴訟處境及可能面臨的問題，然後理性地做出選擇。如此一來，代理訴訟的律師也會有更具體的方向，以及可追求與達成的目標。

如果你不知道訴訟的真實狀況，怎麼會選擇就這樣打起官司呢？如果此刻的你正官司纏身，你是否知道自己究竟在打一場勝算有多高的戰爭呢？你是否知悉審理你官司的法官的想法呢？如果人生可以重來，你還會一氣之下就興訟嗎？你會不會更冷靜地分析情勢後，再做選擇？

有位開設貿易公司的友人，不顧妻子、朋友的反對，重金禮聘一名年輕人擔任業務主管，期待能為公司帶來更好的業績。沒想到這名年輕人充滿詭詐又言行不一，欺上瞞下，製造許多假訂單，導致公司損失了數百萬元。

友人不滿這名年輕人糟蹋他的用心，想透過訴訟教訓對方，同時想追討損失的金錢。他認為錯在對方有意欺瞞，可是他從未想過如何讓法官或檢察官瞭解他的冤屈，也從來沒有思考過對方在訴訟過程中會如何為自己脫罪。

事實上，這位朋友因為剛創業，急著衝業績，才讓年輕業務有機可乘。而且由於公司業務尚未穩定，在有限的時間及精力下，他不盡然有足夠的心力兼顧公司經營與訴訟進行。尤其，他所從事的三角貿易在敏感的兩岸關係中未必合法，他如何讓法官（檢察官）瞭解這起糾紛的冤情，同時又能避免觸及可能違法的事實，以免曝露自己的短處；他於法庭上的攻防不一定能占上風，萬一操作不慎，不僅損失的金錢無法追回，公司也會被拖累，恐怕落得兩頭空。

我可以體會朋友被騙的感受，但我更清楚訴訟現實與所需承受的實際成本，況且他的當要之務是站穩經營腳步，兩相權衡之下，我建議他「忘記既往，努力向前」，不要因為對方的錯誤而影響自己未來的生涯。不過他當時氣憤難消，聽不進我的勸告，仍然堅持提告。

後來這位朋友聽從另一友人之計，以為對方能協助安排熟識的警方，透過警方提出刑事告訴，以最簡單的法律途徑達到他期待的目的。他在友人的安排下，單槍匹馬前往警局做筆錄，對年輕業務提出詐欺告訴。

可惜事與願違，當他做完筆錄後，對方並沒有履行承諾，協助他處理訴訟事宜，而檢警對於三角貿易不瞭解，要求他進一步提出證據說明。他不知道如何取捨證據、如何說服檢警，使他們能做出有利於他的決定，騎虎難下之際，只能回頭尋求我的協助。

要找出病因，才能對症下藥。我首先釐清三角貿易的實情，再瞭解他向警方提告的內容，接下來則思考如何迴避三角貿易是否合法的問題，以免讓對方見縫插針，利用此議題轉移檢警調查的方向。最終，我教導他修正提告角度，引導檢警歸正詐欺的調查。

由於一開始的衝動行事，沒有走上正確的訴訟之道，甚至讓檢警無法掌握核心問題，以致拖延了不必要的偵查時程，經過檢警多次開庭詢問後，才使得訴訟回到

訴訟是一條不好走的路

正途，而代價則是多付出兩年的時間成本。最終，檢察官以詐欺罪名起訴年輕業務，但這只是刑事訴訟的初步勝利，且檢方起訴未必代表法官會照單全收，這條訴訟之路還有得走。

另一方面，若想取回損失的金錢，他必須另外提出民事訴訟。他可以選擇獨立起訴並繳納一定金額的裁判費；也可以利用檢方起訴後，以「刑事附帶民事訴訟」的方式起訴，免去繳納裁判費的負擔。

民事訴訟與刑事訴訟就好像高速公路與高速鐵路，兩者都能從台北到達高雄，但兩種訴訟制度各有不同的功能，也各有不同的路線及目的，搭乘的方式與需要的時間也不一樣。想討回金錢損失，只能透過民事訴訟；想教訓對方，刑事訴訟比較有力；審理的法官不同，思維也不同，訴訟的策略也因不同訴訟目的而有所分別。

朋友接受了我的建議，利用檢方起訴的刑事案件，附帶提出民事訴訟，請求金錢賠償。他原本以為接下來只要靜待判決便可，沒想到又陸續收到出庭通知，更沒想到對方為求脫罪，竟在法官面前繼續說謊。為求實現訴訟的初衷，他每次都親自出庭，常常耗時等待一、兩個小時，實際開庭卻不到半小時，甚至因對方未到庭而延期。他也努力回應法官的要求，陸續提出多份書狀，戳破對方的謊言。最後法官判決對方有罪，但得以易科罰金，以金錢代替服刑。

費盡三年多的心思，最終只換得易科罰金的結果，讓他大失所望，而附帶的民事訴訟移交給民事法官審理，民事法官遲遲未開庭。一時衝動下的訴訟，除了耗費他的精力與時間，也影響了公司經營，甚且他以為的正義亦未實現。

這位朋友最後選擇讓訴訟半途而廢，專心經營事業，他向我表示：「我終於理解你當初為何勸我要謹慎決定是否打官司。」說話當下，他的表情平靜，沒有當年的那股怒氣，取而代之的是滿心無奈！他沒有達到原先的訴訟目的，但肯定深深體會打官司不是一條好走的路。

你不一定要選擇將糾紛交給法官

訴訟，是將糾紛交由法官決定對錯。這個過程考驗著訴訟雙方的財力與人力，一旦做出錯誤的選擇，恐怕在法官還沒有判決前，就可能導致企業破產或個人危機。

人生是由許多選擇組成的旅程。我們面對的選項，通常只有「要」或「不要」、「做」或「不做」，而難就難在對錯的機率各半——答對了，快活無比；答錯了，輕則傷心難過，重則造成無法彌補的遺憾。甚且很多時候我們無法立即知道自己的決定是否正確，必須經過時間的考驗才會得到答案。

訴訟是將原本操之在己的問題與糾紛，交給法官或檢察官決定結果，這場訴訟戰爭在法官或檢察官做出裁決前，無法確定你的選擇是對或錯。從某個角度而言，訴訟就好像是一場賭注，因為你能否成功說服法官（檢察官）的機率，大抵只有一半，你必須承擔可能賭輸的風險。相反的，如果你選擇放下過去，將無須面臨訴訟選擇的考驗，亦無須承擔選擇錯誤的結果。

訴訟過程中也有許多選擇，例如：要提起刑事或民事訴訟、如何鋪陳糾紛故事、要提出什麼樣的證據、主動出擊或被動防守、親自出庭或委任律師等等，必須思考怎麼做才能有效地說服法官（檢察官），取得勝利。事實上，勝訴來自於所有這些選擇都做對了，倘若其中一項錯了，難免種下失敗的因子。

有位退休的法官曾對我說：「以司法判決來解決問題，總是不太圓滿。」我執業律師多年，很少看到法官判決的結果出爐後，輸的一方會心服口服，反而常是想盡辦法求翻身，一審敗訴尋求二審翻盤，二審敗訴尋求三審救濟，甚至在三審判決確定後，仍不氣餒地提出再審或非常上訴，必要時還會走上街頭。

若此刻你正陷在訴訟的泥淖裡，可曾想過要達到什麼樣的結果，你才會願意結束訴訟，重回正常的生活？不論你是告人的一方，或者面臨被告的壓力，最好都要瞭解法律的真實狀況，以及法官（檢察官）的作業實況後，再做出訴訟的選擇。以下提出幾個關鍵因素，或許有助於你的判斷。

建立風險意識，可避免走上訴訟

很多人都說自己是被迫走上訴訟。事實上，在法律問題浮現之前，常常有許多徵兆或跡象，就如同生病前必定會出現一些身體的小症狀。如果我們有足夠的風險意識，能夠警覺到不對勁的事情，就未必要走上訴訟這條路。

「法律是保護懂法律的人」這句話有其道理，懂法律的人明白法律規定的界限，比一般人更有風險意識，自然降低了訴訟的風險。然而，如果懂法律的人不關心周遭發生的事，或疏於注意身邊的人事物，仍有可能被迫面對訴訟。相反的，如果你處事謹慎，對於平時不常發生或不曾發生的事物多一分關注，即使不懂法律，仍保持風險意識，自然也不容易招惹到法律問題。

有位企業主向我抱怨說，他奉公守法、照顧員工、專注本業，沒想到遇上主管機關臨檢，對方在未瞭解真相前，就認定他違反《勞動基準法》，沒有給予實習生應有的福利，由於他沒有積極回應主管機關的函文，最終遭裁處高額罰金。

事後他向主管機關澄清，連實習生也出面協助說明，但因未即時申訴，裁罰處分已經作成，無法撤銷，只能權衡降低罰金。如果他拒絕繳納罰金，將遭到更嚴厲的處罰；如果他服從懲處，這筆罰金恐將影響公司的現金流，他將被迫走上訴訟之途。他憂愁地表示：「如果官司輸了，公司勢必無法支付高額罰款，也就無法經營下去了！」

這位企業主顯然就是缺少風險意識，誤以為主管機關的來函不重要，沒有在期限內與主管機關溝通，並做出正確回應與澄清事實。即使他不懂法律，當主管機關來函詢問時，只要認真對待，縱使回覆不盡令人滿意，至少雙方可以建立起溝通管道，如同在訴訟中建立與法官溝通的正確管道與方式，就不至於立即遭到主管機關的處罰決定。

你是否也有類似的經驗，因疏於處理小問題而釀成大麻煩？尤其，與人交往或交易，難免產生齟齬或誤會，如果你選擇漠不關心，或誤以為事態不嚴重，而不及時與人溝通，任由問題擴大，必然增加法律風險。

報載某創投教父因涉及內線交易，遭判刑確定而入監服刑，即為一例。這名創投教父多年前於某科技公司公開重大信息前，多次買賣該公司股票，獲利不少。後來他遭金管會移送、檢方起訴，纏訟多年才判刑確定。就在他入獄服刑前，幾位科技界前輩公開呼籲政府應釐清內線交易的處罰規定，不過當時的金管會主委則堅定表示：「內部人不該在關鍵時刻進場，就可以避免遭刑事調查。」

的確，企業在追求利潤下，難免遊走於法律邊緣，但除了絕不能觸犯法律，更須注意法律的灰色地帶。事實上，企業經營主要涉及人才、金錢、商品及資訊等四項領域，熟悉這四個領域的相關法令，才能掌握法律的界線；若能善用企業內部的法務人員或外部律師，及時與主管機關溝通法律的灰色地帶，或盡可能降低糾紛雙方彼此之間的誤會，將更可以防範未然，降低走上訴訟的風險。

理解操作規格，以免盲目興訟

一名讀者來信提到他所任職的公司違法剋扣他應得的薪資福利，於是他在離職後向勞工局提出檢舉，與原任職的公司對簿公堂。他的信中充滿對公司的不滿與抱怨，認為一切都是公司不對，自己有理，所以一定能打贏官司。他來信不是想尋求我的專業意見，只期待我支持他的選擇。

我無法從他的來信中得知糾紛全貌，當然也無法提供具體建議，只提醒他三思而行，先瞭解相關規定及操作實務，並思考能否在訴訟過程中，言簡意賅地說明自己的冤情，博得法官（檢察官）的同情，以及謹慎處理法律問題。過了許久，我幾乎忘了這件事，沒想到他再度來信。

再度來信的字裡行間已經看不到他原先的自信，反而充滿恐懼。他提到他原本以為這場官司勝券在握，但公司在他發動訴訟戰爭後，竟對他提出另一場刑事訴訟，追訴他在職期間涉嫌洩漏公司的機密。遺憾的是，他先前提起的勞資糾紛訴訟，承審法官審理速度緩慢，反倒是公司對他追訴的洩密案，檢察官積極開庭，讓他疲於防守。幾次獨自出庭後，他隱約感覺到檢方不相信他的說詞，擔心將遭起訴，於是再次來信給我，提及曾諮詢許多律師的意見，但不相信他們的建議。

顯然，他原先只看到自己，沒有仔細思考是否有把柄落入他人手中，甚且不瞭解訴訟的實際操作，以為理直氣壯便可單槍匹馬出庭，說服法官及檢察官站在自己這一邊，沒想到反而曝露了自己的弱點，陷入困境。

他原是發動訴訟的人，此刻已經失去這場戰役的主控權。不僅如此，公司為求「以戰止戰」，選擇將訴訟戰場從原本的「公司應否支付員工薪資」擴大到「有無觸犯洩密罪的刑事犯罪」。根據他的來信內容，可以明顯感覺他想放棄民事訴訟，只求能安然自洩密案中脫身。

大多數的人與這名讀者一樣，只知道打官司就是跑法院，卻不知道跑法院真正代表的意義——**訴訟過程是一連串的操作選擇**，包括如何讓法官理解你的糾紛故事、如何提出支持自己論點的證據、如何防範對方的攻勢，以及如何說服法官，任何操作失誤都可能造成無法彌補的傷害，影響未來的人生。如果這名讀者早知道訴訟操作的難度，也知道民事訴訟常得耗時多年才能有確定判決，甚且還可能因為對方不配合而必須經由強制執行才能取得應得的金錢等現實情況，不知他是否還會堅持興訟？

此外，當他得知公司發動刑事訴訟時，理應趕緊瞭解相關操作與應注意的事項。但看來他在首次面對檢方調查前，從未諮詢過其他專業律師的意見，誤以為坦然面對檢察官的訊問，就可以否極泰來地脫身，直到感受到檢方將起訴他時，才匆忙求助。他顯然不瞭解「刑案首重初供」的原則，才會隻身前往應訊；反觀公司則運用龐大的法律資源，以內部法務配合外部律師應戰，這場戰役勝負可期。

訴訟當事人往往都只想著對方的過錯，無限放大對方的錯誤，無視或縮小自己的問題，挑起憤怒情緒，甚至從未考量法官（檢察官）完全不知道自己的糾紛事實，該以什麼方法說服法官（檢察官），就草率決定打官司。聖經《馬太福音》第七章第三節說：「為什麼看見你弟兄眼中有刺，卻不想自己眼中有梁木呢？」正點出了我們常犯了「看不到自己問題」的毛病。

如果你正面臨是否興訟的問題，請先冷靜反省「自己眼中有無梁木」，是否看清楚自己的錯誤、是否有可能在訴訟過程中遭到反擊、是否瞭解訴訟流程、是否能有效運用舉證責任、是否能說服法官相信你的糾紛故事……除去眼中的梁木，才能做出智慧的選擇。

評估負擔能力，再決定是否提訴

上述案例，從另一個角度而言，當事人顯然忽視了自己與公司所處的不對等地位。論財力、人力及資源，個人顯然無法與企業匹敵。即使公司沒有另外採取刑事手段，為維持外部尊嚴與內部管理，必將用盡一切防禦方式應付勞資糾紛。

反觀這名當事人似乎是單兵作戰，如果他在離職前沒有充分蒐集對公司不利的證據，想打擊公司的子彈寥寥可數。即使他找到一名技藝精湛的訴訟律師，但因公司採取了刑事手段，他必須親自出庭接受檢方調查，律師僅能為他辯護，無法代他說明事實，而且終究是他自己必須承擔判決結果。

此外，如果他的刑事洩密案訴訟進行得比民事薪資賠償訴訟快，萬一遭判決確定得坐牢，而民事仍繼續纏訟時，將面臨無人出席民事訴訟的窘境，勢必得另聘律師處理，額外再支付一筆律師費。或許他最終幸運打贏了民事訴訟，獲得應得的薪資福利，但所得的金額是否足供支付律師費？

無論企業或個人，一場民事訴訟從一審到三審大約要繳納糾紛金額的百分之四做為「裁判費」，猶如看醫生需繳納掛號費，例如：一千萬元的民事糾紛金額，需繳納四十萬元的裁判費，一審約十萬元、二審約十五萬元、三審約十五萬元；而刑事訴訟則沒有裁判費的問題，但有遭對方追訴誣告罪的風險。

如果企業或個人想聘請律師打官司，還要依不同律師的收費標準支付金額不等的律師費，一場訴訟從開始到結束，少則數萬元，多則高達數千萬元，對企業或個人都是一筆不小的開支。

以目前的審理時程來看，法官通常需要一、兩年的時間才會做出判決。從地方法院開始到最高法院判決確定，往往要經過五、六年，甚至長達十餘年，訴訟雙方不僅得準備足夠的資金，更需有充分的人力，協助整理和查詢資料，以隨時應付不同法官的不同需求。

所以訴訟不僅是勝負之爭，也考驗著雙方的財力與人力，才能應付不同階段的法官或檢察官的辦案需求，一旦做出錯誤的選擇，恐怕在訴訟還沒結束前，就可能導致企業破產或個人危機。因此每當有人就糾紛問題諮詢我時，我首先思考或問他們的問題是：訴訟一旦開打，企業是否會因為所投入的人力與財力，影響到本業的經營？個人能否承受得起訴訟過程的心理煎熬，以及是否會影響個人生計？

尤其，隨著經濟活動日趨複雜，訴訟形態、內容及手段不斷推陳出新，民事訴訟的內容千變萬化，刑事訴訟的事實盤根錯節，訴訟的時間及金錢成本不斷增加，說服法官或檢察官的技巧也必須跟著提升，無論企業或個人更應慎重評估自身的能力。

還有一個必須考量的重點，就是能否承擔敗訴的結果。事實上，爭執雙方如果選擇不打官司，對糾紛的內容就如同兩岸關係，可以各自表述。一旦走入訴訟，就是選擇切割糾紛事件，請求法官判斷是非對錯，而判決作成後，即使再不甘願也只能接受了。

訴訟目的決定操作手法

每個當事人都想贏得訴訟，只是每個人對贏的內容有不同的期待或想法。很多時候，訴訟變成一種達成其他各式各樣目的的手段。

訴訟的目的是什麼？常有公眾人物在媒體上表示，他們打官司是為了追求公平正義，然而大部分訴訟的目的，不外乎是想取回失去的金錢或想教訓對方、爭回面子，甚至想利用訴訟過程爭取時間。事實上，訴訟是將你與別人之間的問題，交由第三人來決定，但法官的判決一定公平嗎？公平與否如何認定呢？

目前各國的訴訟制度不外乎民事、刑事及行政訴訟三種：

民事訴訟制度主要是解決私人之間民事權利義務的糾紛，通常涉及金錢或身分關係的糾紛；採行「當事人進行主義」，也就是訴訟雙方必須主動提出事實及法律主張，法官不介入雙方的糾紛戰爭，僅聽取各別的主張，做出判決。

刑事訴訟制度主要是國家處罰危害社會秩序或他人權益的犯罪行為人，通常由代表國家追訴犯罪的檢察官先行偵查，一旦起訴犯罪嫌疑人後，法官依檢方的起訴事實主動調查審理，做出有罪或無罪的判決。

行政訴訟制度主要是法官審理政府施政有無侵害人民的權利，是權利遭侵害的人民與做出具體行政行為的政府機關之間的戰爭。原則上法官聽取雙方的主張後，做出判決。

不同的訴訟制度提供不同的法律保障，但徒法不足以自行，即使是完美的制度，仍須由人來實行，但人都有愛恨喜怒，法官審判除須符合不同訴訟的遊戲規則，審理過程也難免受個人情緒影響，如何能確保實現了公平正義？

追求公平正義

曾有市議會議長因涉嫌賄選案，遭有罪判決確定，他出面批評司法已死、政治介入司法；同一時間，市長則出面讚揚法官實現了公平正義。究竟公平正義是什麼？為何同一件案子、同一個判決結果，當事人之間有如此大的認知差距？甚且，常見同一個案子在不同審級的法院得到不同的裁判結果，到底哪一個判決才代表公平正義呢？

美國十九世紀最偉大的律師丹諾（Clarence Darrow）曾在自傳中說到：「人經常提到公平正義，彷彿對這個詞的意涵知之甚詳，而且每件事都由它決定……諷刺的是，大家心裡想要的不是公平正義，也從不知公平正義是何物。」

的確，公平正義涉及價值判斷，它是法律追求的理想目標，但所有法律人都無法具體說明公平正義的內容，提到公平正義時常以抽象的文字描述：公平是依照一定的社會標準與正當程序合理地待人處事，是制度、系統、大型活動的重要道德品質；公平正義是現代社會追求的理想目標，構築一個公平正義的社會需要社會全體長期努力，提高全體人民文化、道德、法制等方面的素質，妥善協調社會各方面的利益，破除彼此矛盾，才有可能實現公平正義。

然而，抽象的文字描述無法解決具體的糾紛問題。過去發生的大埔強制拆遷爭議，政府為追求經濟發展，採取強制拆遷的方式徵地，但被迫拆遷的民眾因此失去生存之地，該如何平衡雙方的利益呢？此類法律糾紛層出不窮，提出訴訟的雙方都

訴訟目的決定操作手法

期待法院能夠做出公平正義的判決。

法官的判決基礎在於雙方陳述的事實，法官願意採信哪一方的陳述，那一方就可以獲得勝訴。因此，具體案件中所謂的公平，無非是以雙方的攻防內容做論斷。換句話說，如果你獲得勝訴，與其說法官的判決代表公平正義，不如說是法官贊同你的說法。所以訴訟的真實目的是「期待法官贊同你的觀點」，透過國家權力強迫對方接受此結果。

司法所追求的公平正義，包括了**實體正義**及**程序正義**；前者是指正確判斷訴訟雙方的是非曲直，後者是指給予訴訟雙方在訴訟過程中有平等陳述的機會。換言之，將自己的糾紛故事有效傳遞給法官，是實現實體正義的關鍵，如果你無法傳達正確的內容而造成法官誤解，就未必能落實實體正義。至於程序正義，由於法官主導審判過程，應主動給予訴訟雙方平等的對待，萬一不幸遇到不公正的法官，你必須勇於為自己爭取平等的訴訟地位與機會。

每個訴訟當事人都想透過訴訟爭取公平正義，但如果沒有積極維護自己的權益，協助法官落實這兩項訴訟正義，自然無法期待判決結果符合你的目的。

達成其他目的的手段

每個當事人都想贏得訴訟，只是每個人對贏的內容有不同的期待或想法。過去訴訟的目的相對單純，當事人只盼望法官最終判決自己勝訴。但隨著經濟活動改變，人們打官司的目的未必只在求勝，也可能是想要利用訴訟時間換取其他經濟利益，或達到其他目的。訴訟變成了一種手段。

對發動訴訟戰爭的原告而言，判決結果或許重要，但未必是訴訟的唯一目標，他們或許更重視訴訟的過程，希望藉由過程取得他們想要的利益。就此，不同的訴訟目的應搭配不同的訴訟手法；然而，對法官而言，須作成判決才算結束任務。

舉例而言，想取回金錢利益，應採取民事訴訟或行政訴訟；就對方涉嫌不法侵害的行為，可採取刑事訴訟手段。至於訴訟的具體請求，民事及行政訴訟重視「訴之聲明」的內容，也就是請求法官最終判決的主要內容，好比說「請求法官判決被告應給付原告新台幣一千萬元」，再配合提出相應的理由；至於刑事訴訟，則須具體指出對方的不法行為究竟觸犯何種犯罪。無論採取何種手段，都須認真操作，才能讓法官理解你的冤情。

對被迫進入訴訟的被告而言，在民事或行政訴訟方面的「訴之聲明」，無非是請求法官「駁回原告的請求」；在刑事訴訟方面，則是請求檢察官「不起訴」，或請求法官判決「無罪」，並反駁對方所提的理由，甚至應主動提出相反的理由，以說服法官判決對方敗訴。如果被告對原告發動的訴訟另有其他足以對原告產生壓力的關聯請求，例如：訴訟雙方彼此傷害，原告先起訴請求被告支付新台幣一百萬元的損害賠償，被告可以利用原告的起訴提起反訴，請求原告支付被告新台幣一千萬元的損害賠償，透過「借力使力」或「反擊」的方法，增加原告起訴的訴訟難度，使得訴訟趨於複雜，再反守為攻，協助法官駁回原告訴訟，或判決原告應支付被告新台幣一千萬元。

取得金錢利益或填補損失

民事訴訟大多與財產利益有關，進行民事訴訟的目的主要是金錢補償，舉凡交易應得的對價或利益，或要求對方賠償損失等等，都與金錢有關；而行政訴訟雖然涉及政府的行政作為，但主要仍攸關人民的財產利益。

此類訴訟重視結果，打贏官司的意義就是取回「應有利益」或「填補損失」，所以最佳手段就是盡可能縮短打官司的時間，在發動訴訟戰爭前，最好充分掌握對方可能的論點，避免提出有可能讓對方拖延官司的說法，封殺對方可能採取的反擊手段，努力說服法官認同你的觀點，快速做出有利於你的判決。

爭取時間利益

不少人會採取司法手段，達到商業競爭的目的。例如：高科技公司為保護產品的市場競爭優勢，常以智慧財產權受到侵害為由，透過「假扣押、假處分」等訴訟手段，阻止競爭廠商的產品進入市場，或延緩其進入市場的時程，這些訴訟往往涉及高度專業的技術，法官的審理期相對拉長，且提起此類訴訟的原告未必能取得訴訟的最終勝利，但他們往往不重視判決結果，而是想透過訴訟過程，取得產品的市占率，獲得較大的商業利益。

另外，企業的經營糾紛也常會以訴訟手段干擾公司董事會或股東會的召開，利用法官審理的時間，換取經營公司的權利，只要訴訟拖延超過公司章程所定的董事任期，即使法官事後做出判決，董事任期已屆滿，另行改選，此時判決結果已不重要了。

此類訴訟改變過去傳統的觀念，重點不在判決結果，旨在利用訴訟時間，因此訴訟手段必須根據想爭取的「時間長短」，提出合理的攻防理由，否則法官一旦查明訴訟目的，在履行必要的審理程序後立即做出判決，就未必能達到爭取時間的訴訟目的。

教訓或懲罰對方

對於這個目的，主要是採取民事或刑事訴訟的手段。前者要讓對方感受到可能「失去金錢利益」；後者是透過國家公權力，追訴對方的不法行為，使對方面臨可能的牢獄之災。此類訴訟乃「真相是非」之爭，不論耗時多久，必須讓法官明瞭事實，因此操作時宜先評估事實全貌，思考最佳的打擊角度。

面對原告想教訓或懲罰對方的意圖，被告必將全力防守，採取的手段可能是單純反駁原告的主張，也可能是對原告提出另一場訴訟，擴大訴訟戰場，使原告也遭到被告的命運，平衡彼此的訴訟地位。因此，原告在提起訴訟前，最好慎重評估訴訟可能的發展，盡可能別讓對方有機可乘。

同樣的，被告除了仔細觀察原告的打擊角度並正確回應，或許可以提出另一個版本的糾紛事實，而非單純反駁原告的主張；或者提出另一場訴訟，化被動為主動，讓法官跳脫單純從原告所提糾紛故事的角度進行調查，以免陷入原告可能預設的陷阱，並且防止法官或檢察官遭到原告誤導。

其他目的

除了上述訴訟目的，舉凡涉及人與人之間的法律權益，例如：限制對方不得從事一定的行為，或結束身分關係的離婚訴訟，或決定未成年人的監護問題等等，都可以提出民事訴訟。無論當事人想達到何種訴訟目的，所採取的相應訴訟手段都不宜過度激烈。

過去常有人為了達到追討金錢的民事訴訟目的，竟採取詐欺、侵占或背信等刑事訴訟手段，即一般所謂「以刑逼民」的方式。根據經驗，只要刑事檢察官及法官認為當事人採取了以刑逼民的手段，通常會立即結束調查或審理，直接判決敗訴。而且民事糾紛通常有時效問題，需要在一定期限內提出追訴，如果先採取刑事手段，一旦失敗後，想再採取民事手段時，很可能已經超過法律規定的期限才起訴，對方就可以時效做為抗辯理由。

此外，不論訴訟目的是什麼，一旦官司開打都會影響訴訟雙方的關係。如果雙方當事人具有親屬關係，那麼無論是否能從訴訟中獲得財產利益，或許更應審慎考量非財產的利益。過去有位委託人想取回自己在家族投資的股份利益，但親人間因爭奪企業經營而起糾紛，其父親又沒有公正協調，反而選邊站，與我這位委託人對立。他擔心企業遭親人掏空，急於提起訴訟取回利益，但我考慮到訴訟將傷及父子情誼，仍未主動點燃訴訟戰火。我甚至鼓勵及陪同他嘗試與父親及弟弟和解，最終因不得其門而入，在弟弟以父親之名提起訴訟後，我才協助他應戰。經過多年纏訟，雙方仍以和解收場，可惜父子情誼已因訴訟破裂，訴訟結束迄今多年，雙方關係仍未見改善。

第二部

法官如何審判

審判的主角：法官

依現行的制度，法官每週都必須在固定的時間觀賞審判劇，每天則有多起不同的劇碼上演。如果你是法官，知道許多角色在外面等著，真的能夠耐心聆聽每段故事嗎？

訴訟與**審判**是一體的兩面，前者是從糾紛雙方的角度觀之，後者是從裁判的角度而言。事實上，訴訟的目的就是要確認是非，審判則是實現此結果的方法。

最早的審判見於聖經，《出埃及記》記載，摩西依照神的旨意，帶領以色列人離開埃及，前往神為他們預備的迦南地。摩西帶領超過六十萬以上的以色列人，走在曠野四十年，每天朝夕相處，難免發生爭執，於是《出埃及記》第十八章第十三節以下記載了摩西當時的處理方式：

發生糾紛的以色列人排隊等候，摩西先將糾紛事件陳明給神、求問神，之後聽從神的旨意定奪是非。由於排隊等候的人日益增多，摩西不堪負荷，最終聽從岳父建議，從百姓中選出有才能、敬畏上帝且誠實無妄的人，協助他處理糾紛事宜。

審判的主角：法官

摩西選出來的人審理「小事」，摩西專心審理「大事」，但聖經未記載大事及小事如何區分。摩西和選出來從事審判工作的人都是敬畏上帝、誠實的人，根據神的旨意，審判以色列人之間的糾紛，以色列人也順服他們的裁判結果。

這套「神的審判」逐漸演變為「人的審判」。各國為解決人民之間的糾紛，各自制定不同的司法規則，設置司法機構處理訴訟事務，並選拔法官從事具體的審判工作。這套人的審判制度由民意機構制定，交由司法機構執行。

就訴訟性質而言，大致可分為民事訴訟、刑事訴訟及行政訴訟等三種；審判也可區分為民事審判、刑事審判及行政審判；而訴訟規則也有民事、刑事及行政之分。三種訴訟目的不同，規範內容也不盡相同，法官審判的方式也不同。

民事訴訟主要處理一般人民之間的財產糾紛，訴訟規則重視糾紛雙方的平等性；刑事訴訟是關於國家對犯罪行為人的懲罰，訴訟規則較重視被告人權的保障；行政訴訟是一般人與政府施政之間的糾紛，訴訟規則類似民事程序，但只要涉及公共利益，法官可以介入調查，非如民事訴訟的法官僅單純立於聽訟的地位，且往往被質疑較站在政府機關的立場。

無論何種訴訟，皆由法官執司審判。審判包括**審理**及**判決**兩部分。審理是指法官瞭解具體案件的事實內容，而事實內容則有賴訴訟雙方提出；判決是法官根據訴訟雙方提出的事實，適用法律做出裁決。

法官在審理爭執事實的過程中，為避免遭人質疑偏頗某一方，大都會嚴格遵守訴訟規則，給予雙方充分的表達機會，但不表示法官會全然採信誰的說詞。實務上，哪一方的說詞愈能夠說服法官，就愈有可能獲得勝訴。審理通常是在法庭採公開的方式進行；而判決則由法官事後作成書面文書，送達訴訟雙方。

上述的審判規則及實務操作，僅呈現了法官辦案的客觀狀態，但我曾私下與擔任法官的同學聊天，他們提到的經常不是訴訟雙方說了什麼，而是談及個人感受，也就是對具體當事人的印象，例如某一方看起來就不老實，讓人無法相信。究竟法官是以訴訟雙方客觀陳述的內容來判斷是非，還是先以主觀印象為斷，再決定是否聽信陳述，則是不同程度的人性表現。

小時候常聽大人說：「法官有權斷是非，定生死。」當時我以為一個人必定要有與眾不同的特質，才能當上法官。等到我自己從事法律實務工作以後，明白法官與一般人都一樣，除了國民法官是經由一定程序選出，一般法官主要是擁有法律專業，並通過國家考試，因此負有判斷是非、決定生死的使命。

國家賦予法官神聖的審判使命，要求他們針對訴訟的具體糾紛，仔細推敲事理及適用法律，但推敲事理可不是一件容易的事，除了必須掌握相關的法律事實，更應掌握社會脈動及其他領域的知識，才能做出通達情理的判決。

過去法官被稱為「推事」，主要就是取其審慎推敲事理之意，但因許多具體案件的判決遭人詬病，推事一詞遭扭曲諷刺為一推了事，後來司法院將之正名為法官，但審判工作的內容沒有因此改變。

法官類型

隨著科技改變生活，經濟活動日趨複雜，過去單純由專業法官審理糾紛案件的司法實務，因為糾紛複雜度增高、涉及專業內容增加，政府或制定新法律，或修訂相關法律，將不同類型案件交由不同法官審理，包括：**專業法官**、**國民法官**及**大法官**。

依《法院組織法》的規定，各地方法院、高等法院及最高法院由專業法官承辦一般民事、刑事及行政等案件；立法院另增訂《智慧財產及商業法院組織法》，明定涉及智慧財產或商業事件的民事、刑事及行政等案件，交由智慧財產及商業法院審理；少年事件及家事事件則依《少年及家事法院組織法》的規定，由少年及家事法院審理。

其次，不同於具有法律專業背景的上述法官，立法院於二〇二〇年七月三讀通過《國民法官法》，明定在各地方法院管轄區域內繼續居住四個月以上，且年滿二十三歲的中華民國國民，可以依法在該地方法院管轄區內被選任為國民法官。

國民法官不具有法律專業，無法獨自審理案件，須與專業法官共同組成國民法官法庭，審理「最輕本刑為十年以上有期徒刑的犯罪」或「故意犯罪因而發生死亡結果」等等的重大刑事案件，但不包括少年及毒品的刑事案件。這是政府回應民眾對司法改革的訴求，期盼能達成《國民法官法》第一條所揭示的「提升司法透明度，反映國民正當法律感情，增進國民對司法的瞭解及信賴，彰顯國民主權理念」的目的。

另外，為擴大公民參與憲政議題的運作，於二〇一九年一月修正公布將《司法院大法官審理案件法》更名為《憲法訴訟法》，同時將原本以書面解釋憲政問題的大法官會議，改由司法院院長擔任審判長，並由大法官組成的憲法法庭，審理涉及憲法問題的爭訟案件，包括：法規範憲法審查及裁判憲法審查案件、政府機關之間的爭議案件、總統及副總統彈劾案件、政黨違憲解散案件、地方自治保障案件、統一解釋法律及命令案件等。

不同於專業法官須經國家考試及格且享有終身職，大法官是依據《司法院組織法》的規定，從曾擔任法官、檢察官、律師、學者教授或政治經驗豐富，且聲譽卓著的人選中，先經總統提名，再由立法院同意任命，共有十五位，任期僅八年，不得連任。

法官選拔

各國選拔法官的方式不盡相同，目前我們的法官除了國民法官及大法官是經由一定法律程序選任，一般具有法律專業的法官主要是通過國家考試，經過一定期間的司法官訓練，一旦成績通過門檻，就可取得法官或檢察官資格。

此外，為了因應各級法院湧進的大量糾紛案件，政府允許具有一定經驗的律師或一定期間教授法律相關科目的學者，可經由一定的法律程序轉任為法官。然而，目前各級法院法官仍以經過司法官考試及格者為多數。

舉凡通過國家考試的學子，即使沒有工作經驗，就已具備擔任法官或檢察官的條件，只要再參加司法審判實務課程、學習撰寫各種司法文件書類、見習實際司法實務工作等等，經過一連串技術訓練，依照訓練成績高低及個人意願，分派到各地法院或檢察署，成為法官或檢察官，然後以「母雞帶小雞」的方式，在前輩指導下從事實際司法實務工作。

法官及檢察官的養成背景主要包括：學習法律知識，培養邏輯思維；通過國家考試，取得國家認證；經過司法官訓練，獲得司法實務及審判技巧。前後最快大約六年的時間，就可以取得法官資格，至於有無具備調查事實、分析及推敲事理等實務能力，似乎不在考量之列。因此，實務上常出現法官無法理解訴訟雙方爭執的特

審判的主角：法官

定事實，好比看不懂企業財報而錯誤解讀、不瞭解社會現象而誤認行為人的意思，因而有了「恐龍法官」的批評。

相較之下，英美國家的法官選拔主要是從具有一定年資的執業律師中，遴選辦案風評好、經驗豐富者擔任。這些律師通常深具法律思維與邏輯，而且累積多年實務經驗，熟悉社會現況。由具備此等背景的人擔任法官，其判決一般而言應該比大學畢業的新鮮人法官來得通達事理。

無論如何，為確保法官的審判品質，各國都設有一審、二審及三審等不同審級的審核機制，由上級法院檢討下級法院的判決。根據訴訟規則，不服一審判決的人可上訴到二審，二審法官有權審查一審法官的判決，如果認為一審判決有誤，可變更一審判決，所以二審法官享有較一審法官大的審判權力；同理，三審法官有權審查及變更二審法官的判決，他們的權力又比二審法官大。但為有效控制上訴案件的數量，依規定有些案件不能上訴三審，如民事糾紛金額未超過新台幣一定金額的案件，刑事案件則規定最重本刑在三年以下的有期徒刑，或特定竊盜罪、侵占罪、詐欺罪、背信罪等犯罪，不能上訴三審。

新進法官通常被分派至地方法院，考核成績良好者可獲升遷到二審的高等法院；同理，二審考核成績良好者，可依個人意願升到三審的最高法院。然而，具體個案的判決品質，三審判決未必優於一審判決。

不論哪一個審級的法官都屬於公務員，享有終身俸，依服務年資調整服務單位。既然有升遷與調整，且上級審有改變下級審判決的權力，難免有競爭壓力。

法官素質

無論擁有多少法律知識及取得司法訓練的實務教育，每位法官的價值取向仍源自於家庭環境及從小的成長背景，以及個人的經歷。尤其，每年都有新進法官加入審判行列，不同世代的法官匯集成各級法院審判工作的主角，各有不同的價值觀，對同一個案件也未必會有相同看法。

大部分的法官潔身自愛，為履行國家賦予的神聖職責，謹言慎行，且為避免引起批評，他們顯少參與社會活動，甚至減少與親友接觸。他們終日埋首審理具體個案，案牘勞形，即使判決結果未必讓各方滿意，但確實盡了全力。

然而，仍有少數法官利用判決權力，貪贓枉法。媒體曾報導一位法官持有來源不明的財產達三億元，遭特偵組指控收賄且求處重刑。也有部分法官追求名利，但只要不違背良心行事，或許反而能驅使他們認真辦案。最令人難以捉摸的，是缺少審判熱忱的法官，他們或許只是將審判視為一份工作，因而往往很容易落入偷懶的心態。

我曾經協助當事人處理一起涉及財產糾紛的民事訴訟，爭點之一是「事故原因」的鑑定，牽動對方應否支付巨額金錢，所以這個爭點自然成為雙方的攻防重點。由於訴訟雙方各自提出諸多報告，案件因而在二、三審法院來回數次，所累積的卷宗高達兩、三百公分高。就在最高法院再次發回的更三審時，不巧遇到這種偷懶的法官。他表面上看似依照最高法院發回的理由調查事故原因，並依照對方要求傳訊外國證人，但花費一年多的審理時間後，竟以「原告的請求權超過時效」為由，駁回原告的請求而結案。

從法律邏輯而言，如果原告的請求權超過法律所定的時效期限，不論事故原因為何，只要被告質疑「原告的請求權超過時效」，法官審查被告質疑有理，即應以此理由判決原告敗訴。但是被告在一審時已放棄時效主張，且過去審理的多位法官都確認原告的請求權存在。

甚至，三審歷次判決都沒有指出原告請求權超過時效，且確認訴訟主要爭點為事故原因。這起訴訟前後耗時十多年，審理過的法官多達二十餘人，都認定原告的請求權合法存在，沒想到這名偷懶的法官不依照三審指示調查，反而以時效問題結案，推翻過去所有法官見解。

這位法官是從一審升至二審，或許因為具有豐富的審理案件經驗，知道司法實務運作方式，只要依法結束此案的審理工作，即使未來再度發回重審，他因審理過此案而無權再審，乃以此方式結束他的審判工作，但確確實實浪費了訴訟雙方兩年的時間。

事實上，法官一職是非常神聖的工作，法官本身理當看重自己的價值。我曾在一起民事官司中，遇到一位自稱「從律師轉任」的法官，她從首次開庭就自我貶損，表示：「法官沒有什麼權力」、「法官無法判斷醫療問題」……聲稱自己無法審理及決定糾紛雙方所爭執的病因。等到證人出庭作證時，她又強調：「法官沒有什麼地位」、「法官只是個傳聲筒，重複證人的證詞給書記官，好讓書記官做好紀錄」等等，她如此貶損自己，不看重法官的地位，是我多年來未曾見過的。

我多次想利用開庭機會「提醒」她，唯有看重自己的法官位分，才能做好法官的審判職責，也才會受到當事人的敬重。實話說，我不敢期待她能做出什麼正確的判斷，更不敢奢望看到一份有水準的判決理由。她因為不看重法官的職分，在開庭時並未專心審酌當事人雙方所提的攻防重點，只是糾結在審理程序上的枝微末節。

曾閱讀一篇文章，提到美國一位八十多歲退休法官的傳記，他在三十多年的法官生涯中，出版五十多本書，發表三百多篇論文，撰寫了三千三百多份判決，而且他的判決理由是其他法官最常引證，比率高居上訴審法官的首位，他更是法律經濟學的主要創辦人。

這位理察．波斯納法官（Richard Allen Posner）於一九三九年出生在紐約一個中產階級家庭，一九八一年雷根總統提名他出任聯邦第七巡迴上訴法院法官，直到二〇一七年退休。他做出的個案判決理由從不假手於助理，都是親自撰寫，無怪乎他的判決理由成為其他法官引用的重要參考。想必，他是何等看重自己的法官職分，才能支持自己做好每一個案的判決工作。

法官迴避

法官與你我一樣，需要面對各種人際關係，倘若親友發生法律問題，他們也難免陷入是否協助的困擾。因此訴訟規則中訂有「法官迴避」的專章，雖然民事、刑事及行政訴訟的相關規則不盡相同，但主要目的就是避免法官面臨兩難局面，同時避免審判不公。

相關規定主要分為「法官主動迴避」及「一方請求迴避」等兩種情形。如果訴訟一方恰好是承辦法官一定親等的親屬，或是承辦法官曾經參與過該訴訟的相關事務，如：擔任過證人、代理人等等，承辦法官必須主動迴避，改由其他法官審理；如果法官沒有主動迴避，訴訟對造也可請求迴避。

法官迴避的規定內容明確，承辦法官為免瓜田李下，也理應主動迴避。然而，

審判的主角：法官

即使案件由其他法官審理，身處同一法院的同僚能夠不考慮同事情誼？能夠維持審判的公正性？所以，此項規定若沒有好的配套措施，仍不免讓人覺得只是聊備一格。

至於一方請求迴避的情況，主要是訴訟當事人發現「有事實足認承辦法官執行審判職務有偏頗之虞」，有權請求承辦法官迴避。不過對於什麼情況才構成「有偏頗之虞」，法律並沒有明確定義，往往成為具體訴訟上的難題。在實務上，甚少聽聞有成功聲請迴避的案例。

畢竟，如果訴訟一方要以「承辦法官有偏頗之虞」的理由請求法官迴避，必須向承辦法官提出請求，承辦法官再將此請求交由所屬法院，由其他法官組成審理小組做出裁決。如果你是小組成員，會輕易認定同僚有偏頗之虞嗎？

一旦審理小組駁回當事人的請求，承辦法官有權繼續審理。如果你是承辦法官，面對曾經請求你迴避的訴訟一方，還能夠心平氣和地審理嗎？你是否會帶著有色眼光進行審理？法官的反應與你我的反應相同，在決定提出請求前，應將心比心設想法官的可能感受。

在我從事律師工作以來，未曾聽聞成功請求法官迴避的案例。從實際操作而言，此規定的形式意義大於實質意義。然而，倘若具體案件中遇到法官偏頗的情形特別嚴重，且已強烈感受到案件將遭不利判決時，可考慮運用此規定。

我曾與一位律師學長聊到他承辦的一件醫療糾紛案件，病人控告醫生性騷擾，經醫療單位多方調查，確定醫生並無病人指控的情形，但病人仍堅持提告。沒想到法官聽信病人說詞，僅開一次庭就想結案，他不得已建議醫生當事人選擇聲請法官迴避，案經一、二審法官審理，仍認為法官無須迴避。他苦笑著說，這位法官擺明將判決醫生敗訴，他們無奈選擇採取此策略，雖然無法期待勝訴，也只能做好長期抗戰的準備。

法官審理

法官審理案件的過程如同觀看一部電影，一開始他不知道電影的內容，必須根據訴訟雙方的表現與陳述，才能知曉具體事實，做出裁判。如果當事人可以像好的電影導演一樣，從審理開始到結束都吸引住法官的目光，讓他完全理解糾紛劇情，甚至採納你的說法，則勝訴的機率必然提高。

法官審理的過程主要包含**言詞審理**及**書面審理**兩種方式。

言詞審理是指訴訟雙方以口頭的方式，向法官陳述事實，法官聆聽雙方的攻防論述，再搭配審閱雙方提出的書面論點後，做出裁判；書面審理時，訴訟雙方僅須提出書面論點，法官審酌雙方書面內容後，做出裁判。

言詞審理

主要為一審及二審法官採用，於法庭內進行。法官坐在法官席上，聆聽訴訟雙方的口頭辯論，同時審閱雙方提出的書面論點。這種審理方式猶如「三方會談」，只是法官的席位高於訴訟雙方。

法官猶如觀眾，訴訟雙方則是舞台劇的主角。只是這齣劇由法官主導開場及結束，訴訟雙方分別搬演不同的劇情，供法官觀賞與評價；有些法官會熱烈地與訴訟雙方互動對話，有些則是面無表情地聽審。

一般法官手中都同時處理數十起、甚至上百起案件，如果你是他們，會以什麼樣的心情觀賞不同的劇碼？你會有力氣場場都仔細聆聽每位角色的表達，欣賞他們的表現嗎？依現行的制度，法官每天都要觀賞多起不同的審判劇，法院候審如同醫院看診叫號一樣，所有預定演出的主角都在法庭外等候叫號入場。如果你是法官，知道許多角色在外面等著，真的能夠保持耐心進行審理？

英美和中國大陸地區等對於訴訟採「集中審理」的模式，由訴訟雙方先溝通演出事宜，再由法官選定演出時間，集中觀賞後做出判決。而台灣地區的做法則是法官每次僅花數分鐘或數十分鐘審理一個案子，之後再另定期日請訴訟雙方繼續演出；一場審判被切割成好幾段，間隔最短二週，最長數月。如果你是法官，還會記得先前的劇情嗎？況且法律劇情常常千篇一律，你能夠保持觀賞的興趣嗎？你會熱情地翻出書面資料重溫記憶嗎？什麼樣的主角或劇碼才會持續引起你的興趣呢？

瞭解上述現況後，當你選擇步入訴訟時，就不要對法官抱持不切實際的期待。當事人必須做好說故事和布局的工作，讓法官能夠融入你所主導的情節。你必須將自己的訴訟原委及感受，透過言詞審理的機會展現在這齣審判劇中，讓法官感同身受。一旦你的演出獲得法官認同，當他結束言詞審理開始撰寫書面判決時，必定更容易想起你的劇情，勝訴的機率也就提高。相反的，如果你的演出未獲法官青睞，敗訴的機率就會增加。

倘若你委託律師代言，律師為專業的訴訟表演者，也就是專業的法庭演員，理應更懂得同具法律背景的法官的喜好。律師應將當事人的糾紛轉化為法律專業劇情，成為當事人與法官之間的溝通橋樑。

相較於書面審理，言詞審理尤重與法官溝通的臨場反應。法官對具體的糾紛事實若有不瞭解，會利用言詞審理的機會詢問訴訟雙方。若你不知道法官詢問的角度及內容，或未正確解答法官的疑問，或未掌握法官詢問的目的而錯誤回應，都可能影響法官對糾紛事實的理解，進而影響判決結果。

一審階段，言詞審理大都由一位法官進行；二審階段，大部分時間仍由一位法官審理，等到雙方演完各自的劇情後，最後一次開庭時會有三位法官同時出場，觀賞結局後做出判決，但那位從頭到尾觀賞的主審法官，是撰寫判決書的關鍵人物。

言詞審理給予訴訟雙方與法官互動的機會，相對也增加了溝通與應對的風險。當事人可以從法官的反應推敲他的想法，或從法官的表達獲知他的觀點，爭取法官認同；而法官經此方式，更容易掌握訴訟事實，釐清爭議事項，聚焦爭點。

書面審理

主要為三審法官所採用。由法官審閱訴訟雙方提出的書面陳述，搭配書面證據，瞭解訴訟事實，做出判決。由於書面審理時訴訟雙方無法與法官直接溝通，無從得悉法官的態度與想法，法官也不容易掌握訴訟爭點，實在考驗著三方智慧。

採書面審理的法官同樣終日與訴訟案件為伍，每日審閱不同的訴訟劇本。該如何讓法官對你的劇本有耳目一新的感覺呢？重點在於將心比心，寫出一份引人入勝的劇情及理由，讓法官能夠從你的書面內容中瞭解到底發生了什麼事，也看得懂你提出的事實與主張。

在一、二審的言詞審理期間，法官也會要求訴訟雙方提出「書面劇本」，並就內容不清楚之處詢問雙方。所以如果你能夠讓法官在撰寫判決書之際，審閱著案件卷宗就彷彿看見生動的劇情，訴訟結果必然樂觀可期。

事實上，以書面資料進行審理的三審法官都有豐富的審判經驗，且由於法律規定三審為「法律審」，也就是審理二審判決有無違背法令之處，因此三審法官主要會先看二審判決的內容，再審閱上訴人所提的書面資料有無具體指出二審判決違背法令之處。如果民事案件或行政案件的上訴人沒有具體指出二審判決違背法令之處，三審法官就可以立即駁回上訴，案件因此確定。至於刑事上訴的案件，即使上訴人沒有正確指出二審判決違背法令之處，三審法官未必能立即駁回上訴，仍應審酌二審判決有無《刑事訴訟法》第三百九十三條所定的違背法令的內容。

訴狀內容沒有固定的繕寫格式，應清楚交代訴訟事實，正確引用法律條文，好讓法官容易閱讀和理解，甚至容易抄襲；如果你的書面理由能夠說服法官，他便有可能會將你的理由引入判決書中。

法官判決

以訴訟實務來看，民事或行政案件的一、二審，通常耗時一、兩年；而刑事案件一、二審的審理時間，會因為案件有無傳訊證人及傳訊多少證人而受影響，無法一概而論，尤其採行《國民法官法》審理的刑事案件，還須踐行挑選國民法官及檢察官開示證據等程序，勢必延長案件審理的時程。至於三審的書面審理，通常耗時兩年以上，但如果上訴不符規定或沒有具體指出二審判決違背法令之處，可能在一年內即結束審理，做出上訴人敗訴的確定判決。

《民事訴訟法》及《行政訴訟法》都規定，當法官審理具體糾紛案件達可判決的程度時，可結束審理並做出判決；《刑事訴訟法》雖沒有類似規定，但法官如果已認定被告有罪時，就可結束審理做出有罪判決。法官結束審理後會訂定宣示判決結果的時間，嗣後寄發書面判決內容。

書面判決內容主要分為「主文」及「理由」兩部分。前者簡單說明訴訟雙方的勝負結果；後者乃就主文內容說明法官裁判的理由，通常包括審理期間處理的程序事項及適用的法律、訴訟雙方具體的主張，以及法官最終裁判的關鍵理由。

法律並未限制判決書內容的多寡，主要取決於法官應處理的糾紛事實有多複雜，以及訴訟雙方提出的攻防內容等因素。判決理由無論多長，勝負的關鍵理由通常寫在判決書末幾頁，且常出現「得心證的理由」等字眼，但未必是固定格式。

民事案件的類型複雜，原告請求千變萬化，訴訟勝敗主要視判決主文對於「訴訟費用」的認定：如果原告的請求全部獲勝，案件的訴訟費用將全部由被告負擔；反之，原告的訴求全部敗訴，判決主文會寫道「原告之訴駁回；訴訟費用由原告負擔」；如果法官僅同意原告多項請求中的一部分，判決主文會有多項內容，其中必有「原告其餘之訴駁回」一項，且訴訟費用依雙方勝負比例分擔。

刑事案件主要審理被告有無犯罪，因此判決主文通常只有「被告無罪」及「被告有罪」等，但有罪判決的主文除須載明被告所犯的特定犯罪，還包括被告所應科處的刑罰，如：處有期徒刑一年、易科罰金、緩刑等等，至於判決理由則包括法官認定犯罪的理由、考量被告的犯罪情節、犯罪後態度及其他被告個人條件等等。

至於行政案件的判決主文通常為「原告之訴駁回」或「某某機關的行政處分應撤銷，另為適法之處分」等兩種，前者是指原告敗訴，後者則為原告獲勝。

另外，涉及憲法議題的六種聲請案件，憲法法庭的判決內容各有不同，如果聲請案件不合法或無理由，通常會做出「不受理」的裁定；如果憲法法庭審查後，認定法規範有違憲時，則會依不同聲請案件的內容，做出法規範違憲，並依所認定的違憲範圍，宣告法規範的效力。

法官的判決理由涉及糾紛事實及所適用的相關法律，須符合法律所定的必要條件，更須就每個具體案件提出具說服力的理由，實非易事。常聽法官們私下表示，他們就每個具體糾紛必須寫出採信哪一方事實的理由，然後正確引用法律規定，平均每個月要處理近百件的訟案，每日也都有應結案的案件數量比例，所以說他們案牘勞形實在不為過。

審判的規則

熟悉打牌的遊戲規則，才能巧妙運用打好牌。熟悉訴訟規則，提出事實及足以支持的證據，法官會更容易被你的案件劇情給說服。

選擇走入訴訟就是將問題的決定權交給法官，而法官審判是人的審判，必須有一套準則，才能確保審判過程具有一致性且正當合理。這套準則不僅規範著法官的審判作為，雙方當事人也必須配合，才能讓訴訟順利進行。

在你選擇打官司之前，最好先瞭解這套遊戲規則，評估自己能否適應，能否藉由這套規則取得有利的結果，以及能否遵守規則的內容。一旦提出訴訟後，未必能隨意撤回。

這套遊戲規則依訴訟內容不同，主要可以分為：民事訴訟規則、刑事訴訟規則及行政訴訟規則等三種；具體法律名稱分別為：《民事訴訟法》、《刑事訴訟法》及《行政訴訟法》。如果上述三種訴訟的具體個案所適用的法令涉及違反憲法所定精神時，《憲法訴訟法》就是規範此類案件所應遵循的程序規則。

由於訴訟糾紛類型日趨複雜，政府對於不同專業糾紛，另制定不同單行法規，如：《商業事件審理法》、《勞動事件法》、《家事事件法》等等，此類糾紛性質屬於民事訴訟。因此，如果上述法律沒有明定的訴訟程序事項，仍應適用《民事訴訟法》的相關規定。所以，《民事訴訟法》是審理民事糾紛事件的基本訴訟規則。

另外，為回應人民對司法改革的需求，政府針對重大刑事案件的審理程序，制定《國民法官法》，將原本由專業法官審理的形態，改由六位國民法官與三位專業法官共同組成審理庭，且其審理程序不同於一般刑事審判程序。如果《國民法官法》未明定的程序事項，仍應適用《刑事訴訟法》的相關規定，因此，《刑事訴訟法》仍是審理刑事糾紛事件的基本訴訟規則。

這套訴訟遊戲規則是包括法官在內的所有訴訟參與者都必須遵守的準則，只是法官享有執行規則的主導權。

《民事訴訟法》主要規範一般人就財產糾紛所進行的訴訟程序；《家事事件法》主要處理婚姻及家庭身分關係的訴訟程序。《行政訴訟法》主要規範政府與人民之間就政府的行政措施有無違法侵害人民權利的訴訟程序。《刑事訴訟法》及《國民法官法》主要規範犯罪嫌疑人有無構成刑事犯罪的訴訟程序。

這套遊戲規則從訴訟開始，包括該向哪個法院提告、訴訟雙方應提出什麼樣的書狀、每一個階段必須遵守的事項、法官審理訴訟事實的程序、就不同的審理結果應做出什麼判決，以及對判決不服的上訴程序等一切與訴訟進行有關的事項。

如同熟悉打牌的遊戲規則，才能巧妙運用打好牌；如果你能熟悉訴訟規則，加以靈活運用，提出訴訟事實及足以支持的證據，說服法官相信你的案件劇情，那麼法官將更容易依法做出對你有利的判決。

民事訴訟規則

《民事訴訟法》要求法官審理案件時，必須在訴訟雙方提出主張及舉證後，依自由心證判斷事實真偽，但自由心證不得違背論理及經驗法則。

當你提起民事訴訟後，法官首先必須確認你的起訴是否合法，是否在被告的住所地法院提告，如被告住台東，無論你住何處，原則上應在台東地方法院起訴，此乃「以原就被」的原則。

一旦法官確定你的起訴符合原則，且確認你已按爭執的金額繳納一定比例的訴訟費用後，將展開一連串的審理程序，包括通知你及對方應提出書狀、通知雙方到場開庭，正式展開三方會談。藉由言詞審理及書面審理，法官得以知悉訴訟事實，而這個事實正是訴訟攻防的核心。

訴訟雙方都應提出對自己有利的事實，且就有利事實負舉證責任。民事訴訟採行所謂「當事人進行主義」，也就是說訴訟雙方對糾紛事實享有主導與提出的權利，對於雙方沒有提出的事實，法官原則上無權干涉。法官雖有權調查訴訟事實，但不能主動介入當事人未提出的事實，更不能協助任一方提出法律主張，因此當事人無法期待民事法官會主動為你伸張正義。

《民事訴訟法》並未規定當事人應如何陳述，但允許法官依具體案件所需，要求雙方應在一定期限內提出陳述；《民事訴訟法》亦無嚴格規定證據應具備什麼格式，僅說明證據包含「人證」及「書證」，並允許法官有權自由認定證據內容及效力，以拼湊出「法官認為的訴訟事實全貌」，但法官的自由心證不可違反論理及經驗法則。

事實上，法官自由心證的對象是糾紛事實，他們該採信哪一方提出的事實，是以訴訟雙方提出的證據來做判斷。在我經手的一件勞資糾紛案中，被解僱的員工要求資方應支付他工作表現優良的額外勞務報酬。他提出公司曾頒發獎牌做為他工作表現優異的證據；而資方則提出這名員工與主管之間的郵件往來內容，證明員工表現不佳的事實。

法官在這起案件中，必須認定這名員工的工作表現如何？提出的獎牌可否做為工作表現的有利證據？資方提出的郵件可否做為證明員工表現欠佳的證據？到底該採信哪一方的事實呢？如果法官判決員工勝訴，必須說明獎牌證據可信的理由；如果他判決資方勝利，同樣應說明往來郵件較為可信的理由。

此案中，最終法官的心證認定郵件內容較為可信，因為這名員工在信中多次承認自己的工作表現不佳。而這名員工或因無法反駁法官的判決理由，沒有再提出上訴，案件因此確定。

一審敗訴的一方有權提出上訴，《民事訴訟法》明確規範了上訴的期限、要件等應履行的上訴義務，也規定二、三審法官在上訴程序中應實施的程序；程序與一審有些微不同，但仍以自由心證為基礎，且不能違反論理及經驗法則。

民事一、二審的審判主要以言詞審理為主，書面審理為輔，是所謂「事實審」。應注意的是：二審採行所謂「續審制」，原則上不能提出與一審不同的「新事實」，但例外如下：新事實發生在一審言詞辯論終結後，或新事實僅為一審已提出的事實補充，或新事實在一審有無法提出的正當理由等等。儘管如此，二審法官的審理基礎仍以雙方在一審提出的事實為主。

至於民事三審仍以言詞審理為主，但允許三審法官可以採書面審理，而個案實務常是採書面審理。《民事訴訟法》對上訴三審有嚴格的限制，且三審是「法律審」，以二審認定的事實為基礎，審理二審判決有無違背法令，它的判決是終局判決，訴訟雙方不能再爭執。

《民事訴訟法》另設置「再審程序」，如果發現有具體再審理由，將例外允許對終局判決提起再審。由於再審條件非常嚴苛，實務經驗上雖有許多不服終局判決的人提出再審請求，但成功案例極少。

行政訴訟規則

《行政訴訟法》要求法官審理案件時，須斟酌訴訟雙方的主張及調查證據後，依自由心證判斷事實真偽。

《行政訴訟法》規範法官處理當事人就政府的具體施政有無侵害權益，可以提起的訴訟程序。當事人提起行政訴訟前，必須先向侵害權利的政府單位的上一級單位提出「訴願」；不滿意訴願決定時，才能向行政法院起訴，而法官主要審理的對象就是訴願決定。

行政訴訟是人民與政府之間打官司，為避免政府單位遭人無端濫訴，《行政訴訟法》雖準用《民事訴訟法》的規定，但較《民事訴訟法》規定嚴格，允許法官以「公共利益」的理由主動介入行政訴訟，無形中增加了行政訴訟的難度。

當事人依法在被告政府機關所在地的法院起訴後，法官將展開一連串的審理程序，包括通知當事人及政府單位提出書狀，通知雙方到場開庭，展開三方會談。法官同樣藉由言詞審理及書面審理，瞭解訴願內容及雙方爭執。

行政訴訟同樣採行當事人進行主義，法官審理當事人與政府之間的訴訟事實，因涉及政府施政，而政府施政未必能顧及所有人的利益，只能考量大多數人的利益，或許因此侵害少數人民的正當權益。因此，如果少數人民提起行政訴訟，期待行政法官撤銷政府施政時，行政法官常須審酌若撤銷政府的具體施政內容，有無影響大多數人的利益。所以，《行政訴訟法》乃例外允許法官得以「公共利益」的理由，主動介入調查具體行政糾紛事實。

《行政訴訟法》沒有規定當事人和政府單位應如何提出陳述，但允許法官斟酌具體案件，可要求當事人與政府單位在一定期限內提出陳述；證據應具備什麼格式亦無嚴格規定，僅提及證據包含「人證」及「書證」，並允許法官可自由認定證據內容及效力，以拼湊出法官認為的訴訟事實全貌。

法官可以自由心證認定雙方提出的主張及證據，判斷訴訟事實真偽，但《行政訴訟法》並未要求法官的自由心證不可違反論理及經驗法則，不過解釋上仍不應違反。無論如何，此給予法官很大的裁量空間，也常常是訴訟勝負的關鍵。

我曾協助一家企業處理營利事業所得稅的行政訴訟案件，承辦法官依我方的請求，傳訊當初承辦案件的稅務人員到庭作證。這名稅務人員在回答法官的問題時，提到她曾將原始公文附卷，如今卻未發現。證人的證詞反而引發我方好奇：究竟原始公文是遭人刻意湮滅？還是疏忽未放入？目前下落為何？我將上述疑點一一陳明，請求法官調查該原始公文，而法官竟以詢問被告（稅務局的代理人）代替查明公文下落，且採信代理人表示「沒有這份公文」的說法，即結束調查，最終判決當然是「駁回原告之訴」。

《行政訴訟法》規範的一審程序類似民事的二審程序，而上訴程序等同於民事的三審程序。所以行政訴訟可單純區分為「一審程序」及「上訴程序」，前者為事實審，後者為法律審。

行政訴訟的上訴審判決也是終局判決，訴訟雙方不能再爭執。不過，《行政訴訟法》也有對不服終局判決而例外允許提出再審的規定，但行政再審的條件嚴苛，如同民事訴訟的實務情況，成功案例極少。

刑事訴訟規則

《刑事訴訟法》規範國家對犯罪嫌疑人進行調查及懲罰的訴訟程序，主要包括「檢察官調查犯罪嫌疑人」及「法官審理被告」的過程。由於刑事訴訟涉及犯罪嫌疑人或被告的人權問題，因此檢察官及法官必須嚴格遵守相關規定。

刑事訴訟的原告主要包括代表國家的檢察官，以及《刑事訴訟法》所定特殊情形的犯罪被害人。檢察官調查犯罪嫌疑人，有權決定是否起訴他們，一旦起訴，嫌疑人成為刑事被告，接受法官審判。所以廣義的刑事訴訟，從檢察官調查相關犯罪事實或犯罪嫌疑人起，就已經展開。

偵查階段

檢察官代表國家追訴犯罪，隸屬於行政院法務部，雖然各地檢察署大都設置在各地方法院旁，但僅為作業方便。檢察官無權認定刑事被告是否犯罪，但有權決定是否起訴犯罪嫌疑人。

《刑事訴訟法》規定，檢察官知悉犯罪事實時，可發動偵查行動，但為保護犯罪嫌疑人的權益，偵查不公開；而經偵查起訴後，被告將面臨刑事審判。

對於檢察官的偵查行動並沒有具體的限制，但就犯罪嫌疑人的「傳喚、拘提、訊問、羈押」，以及身體及住宅等地的「搜索及扣押」，也就是足以侵害犯罪嫌疑人的身體及行動自由的強制行動，應符合法定程序。

另外，儘管偵查不得公開，但訊問過程應全程連續錄音，必要時，更應全程連續錄影；且非有必要，不得在偵查前傳訊犯罪嫌疑人。檢察官傳訊犯罪嫌疑人應寄發傳票，並載明傳訊的案由及應到的日期及地點等；犯罪嫌疑人得聘請辯護人陪同到場接受訊問。

《刑事訴訟法》規定，檢察官於結束偵查後應做出處分，而處分則有下列不同情況：

一、起訴處分：認定嫌疑人有犯罪嫌疑，嫌疑人因此成為刑事被告，必須接受法官審判，確定有無犯罪。

二、不起訴處分：認定嫌疑人的行為尚不構成犯罪。一旦不起訴處分確定，嫌疑人無須接受法官審判。

三、緩起訴處分：認定嫌疑人有犯罪嫌疑，但符合法律所定緩起訴的條件。嫌疑人只要在一定期間內不再犯罪，期限屆滿後，即無須接受法官審判。

審判階段

隨著《國民法官法》的制定與實施，刑事審判可分為由具有法律背景的專業法官審理一般的刑事案件，以及由具有法律背景的專業法官與不具有法律背景的國民法官共同組成審理庭的重大刑事案件。《國民法官法》雖是審理重大案件的遊戲規則，但如果沒有明定的程序事項，仍以《刑事訴訟法》所定的遊戲規則為準。因此，《刑事訴訟法》是審理刑事案件的基本規則。

無論一般法官或國民法官審理刑事被告，就被告的犯罪事實應依證據認定；被告未經審判證明有罪前，推定其為無罪，此乃「無罪推定原則」。無罪推定原則是普遍的刑事訴訟原則；換言之，在刑事終局判決作成前，被告都應被推定為無罪。

不過，國民法官不具有法律專業背景，能否掌握「無罪推定原則」的精神，個案的刑事被告為維護自身利益，尤須注意組成審判庭的所有法官審理態度。

雖然刑事訴訟與民事及行政訴訟相同，都有原告及被告，但刑事訴訟的原告通常是代表國家追訴被告犯罪行為的檢察官，訴訟雙方的地位顯然不對等。因此，《刑事訴訟法》規範保障刑事被告的權益，與民事及行政訴訟要求法官平等對待訴訟雙方的目的不同。

法官應給予被告充分的時間瞭解起訴事實，且應注意被告有無委任辯護人，就特定犯罪嫌疑的被告應有「公設辯護人」為其辯護，以保障被告在訴訟過程中的權益。被告在刑事訴訟的開庭過程，身體自由不得拘束。

法官在第一次審判期日前，可以先傳喚被告，查明被告對起訴的事實有無意見、有無應調查的證據等等；第一次審判期日的開庭通知書，應在期日前七天送達被告，如果被告有心神喪失或因疾病不能到庭時，在身體恢復前，不能進行審判。

有別於一般刑事案件的審理程序，依《國民法官法》審理的重大刑事案件，法官在第一次審判期日前，除踐行前述程序外，須先選定參與審理的六位國民法官；

必要時，可於準備期日前，聯繫檢察官及被告的辯護人，協商訴訟進行的必要事項；另在準備程序中，進行詳盡的爭點整理、證據開示的事項等。對於第一次準備程序期日的傳票或通知，法官最遲應在十四日前送達被告。

一般刑事案件的審理程序，檢察官起訴被告時，會將所有偵查卷宗一併送交法院，由法官進行審理；針對涉犯重大刑事案件的被告，檢察官依《國民法官法》的規定，只能提出起訴書予法官，不能將所有偵查卷宗一併移送給法院，檢察官須在起訴被告後，向被告或辯護人開示案件卷宗及證物，被告或辯護人在檢察官開示證據後，須以書狀說明檢察官所提證據的意見，而法官應於第一次審判期日前的準備程序階段，處理訴訟雙方對證據開示的各項問題。

法官開始審判時，應確認被告身分，要求檢察官陳述起訴要旨，之後應告知被告：一、犯罪嫌疑及所犯罪名，如果變更罪名時，仍應告知；二、被告有權保持緘默，無須違背自己的意思陳述；三、得選任辯護人；四、得請求調查有利的證據等事項。法官所調查的每項證據，都應訊問被告有無意見。

《刑事訴訟法》沒有明定證據種類，但允許法官有權「本於確信自由判斷」認定證據，但判斷不得違背經驗法則及論理法則。對於證人的調查，則有詰問證人的程序，看似保障被告的審判權益，但因內容複雜難懂，實務上反而不利於被告操作。

法官審理案件後，做出有罪或無罪的判決。有罪判決內容應載明：科刑內容、認定犯罪事實所憑的證據及認定理由、對被告有利的證據何以不採納的理由、科刑處罰加重或減輕的理由，以及所適用的法律等等。

被告遭一審判決有罪時，大多會提出上訴，《刑事訴訟法》明確規範了上訴的期限、要件，也規定二、三審法官在上訴程序中應採取的程序。此外，被告上訴或為被告利益而上訴時，二審不可以比一審判決更重的刑度，此乃「禁止不利益變更」原則。

刑事一、二審的法官審判程序以言詞審理為主、書面審理為輔。二審是所謂「覆審制」，亦即審理範圍以上訴範圍為主，且審理程序與一審程序雷同，法官應告知被告在審判過程所享有的上述權益。

刑事上訴三審則以書面審理為主，但允許法官可採言詞審理。另有「再審程序」及「非常上訴程序」，可例外質疑終局判決。前者是發現終局判決有具體再審事實，例外允許提出再審；後者是發現終局判決有違背法令，可請求最高檢察總長提出。此兩種程序條件嚴苛，過去成功案例不多，近年則有成功者，如引起眾人關注發生在一九九一年的吳銘漢夫婦遭殺害一案，法院於一九九五年二月判處被告蘇建和等三人死刑確定，但案件歷經五位法務部長未批准執行死刑，且在最高檢察總長三次提出非常上訴，並經監察院提出糾正後，最終於二〇〇〇年重啟再審程序，並於二〇〇三年一月改判無罪，但二〇〇七年六月更一審又判死刑，最終在二〇一二年八月更三審判決無罪，因合於當時已制定的《刑事妥速審判法》的規定，檢方不得上訴，全案終告確定。

憲法訴訟規則

《憲法訴訟法》明定六種涉及憲法議題的聲請案件所應適用的訴訟規則，其中可經由人民提出的有兩種案件，分別是「法規範憲法審查及裁判憲法審查案件」及「統一解釋法律及命令案件」。前者是指遭受不利確定判決的當事人，無論是民事、刑事或行政訴訟案件，認為該確定判決或其所適用的法規有牴觸《憲法》時，可聲請憲法法庭審查；後者是指遭受不利確定判決的當事人，無論是民事、刑事或行政訴訟案件，認為該確定判決所適用的法規解釋見解，於其他確定判決適用相同法規所做出的解釋見解不同時，也可聲請憲法法庭審查。

上述兩種案件的聲請期限不同，前者須在收到確定判決後的六個月內，以書面提出；後者須在收到確定判決後的三個月內，以書面提出。聲請案件由三位大法官組成審查庭，如果聲請內容不符合《憲法訴訟法》的程序規定，或聲請無理由時，憲法法庭會做出不受理裁定。

對於合法受理的聲請案件，憲法法庭會將案件的聲請書及答辯書於網站上公開；必要時，憲法法庭應通知當事人、關係人到庭說明或陳述意見，或指定專家學者、機關或團體提供專業意見或資料。如果憲法法庭須召開言詞辯論時，當事人應委託律師或經憲法法庭審判長許可之人為訴訟代理人。

不同於各級法院僅就個案的當事人判決勝訴或敗訴的結果，《憲法訴訟法》對於涉及憲法議題的不同聲請案件的判決，不僅分別規定所應參與審查的大法官人數及參與評議所應達到的比例，而且對判決所宣告的法規範違憲時，該法規範的效果可分為「立即失效」、「溯及失效」及「定期失效」等。

審判的進行

一般民事案件，從原告起訴到取得確定判決，短則耗時一、兩年，長則拖延數年。
一般刑事案件，從偵查起訴到終局判決，短則耗時兩、三年，長則十餘年。

原本訴訟的遊戲規則是根據《民事訴訟法》、《刑事訴訟法》及《行政訴訟法》等，但因經濟活動推陳出新，專業分工日趨細膩，政府對於特定的糾紛事件陸續頒布各種單行的訴訟法規，如：《商業事件審理法》、《勞動事件法》等，使得訴訟規則日漸龐雜且多樣。

雖然不同糾紛案件所適用的訴訟規則不同，但所有訴訟案件的進行與操作，不外乎包含從起訴的案件管轄法院、訴訟文書的遞送、法庭審理到法官判決等程序。不同訴訟方式存在不同的規定，但贏得訴訟勝利是所有訴訟的終局目標，而致勝關鍵則取決於訴訟雙方如何與穿著藍邊黑袍的法官展開對話。

實務上，法官與訴訟雙方的對話包括：訴訟雙方的書面陳述及開庭的言詞溝通；前者是法官單純接收訴訟雙方提出的書面內容，後者是法官主導對話的三方會談。因此，法官的開庭過程不僅是法官瞭解訴訟雙方訴求的機會，也是訴訟雙方瞭解法官想法的時機。

一般而言，開庭過程最須關注兩項要素：**法官的反應**及**書記官記載的筆錄**。前者涉及法官對具體個案的瞭解及看法；後者呈現法官每次開庭的過程，是案件的重要紀錄，也是所有經手法官瞭解案件進行的重要參考。與法官保持良好溝通，確認書記官正確記錄庭訊內容，是訴訟成功與否的基本工。

根據經驗，年輕的地方法院法官在開庭時，反應較高等法院法官多，與訴訟雙方的對話也較多，較能夠從互動中瞭解法官對具體案件的看法；而高等法院法官或因多年審判經驗而顯得老練，除了主導開庭必要的反應，甚少表達看法，也常保持相同表情，讓人難以解讀。過去訴訟雙方必須站立於審判台前發言，如今則允許坐在桌前與攜帶訴訟文件發言，開庭壓力減輕不少，應更有餘力注意法官的反應。

至於書記官記錄的開庭筆錄，在過去手寫時代，僅能透過事後聲請閱卷，才知道是否正確記載。現今已改為電腦輸入，且訴訟雙方均可坐在電腦螢幕前，觀看書記官即時輸入的內容，如果發言內容遭誤解或誤記，可立即請求更正。

民事及行政訴訟的審判實務

當一審法官受理原告的起訴案件後，通常會將原告的起訴書及所附證據，以雙掛號郵寄送達被告，要求被告在一定期限內提出答辯。待被告提出答辯書狀後，法官會通知雙方到場開庭，正式展開言詞審理。二審法官收到上訴書後，通常也會採取類似的做法。

每位法官主導個案的審判過程或有不同，未必都會要求訴訟雙方在開庭前提出書狀，好先瞭解雙方的說法。無論法官有無要求，為整理思緒及掌握開庭所應陳述的內容，最好都先備好書狀，才能有效控管風險。

如果備好的書狀能提早送交法官，讓他有機會瞭解你的主張，到了開庭時便可利用與法官對話的機會，掌握他有無閱讀書狀，以及是否瞭解你的主張。一般書狀從送進法院至法官取得，約需三個工作天的時間，若有不及，你可於開庭時說明書狀內容，請求法官當庭瀏覽，並提示你的書狀重點。

實際審判中，法官的審理作業有下列情況，在此分項說明與建議：

首次開庭

好的開始是成功的一半，訴訟戰場中的首次庭訊，是掌握對手及法官特性的關鍵時刻。

法官通常會在首次開庭時，詢問訴訟雙方的「聲明」，也就是想要法官做出什麼樣的判決。此時原告應將起訴書所載的「訴之聲明」大聲唸出來，如果法官認為原告的聲明不妥當或不明確時，會立即與原告溝通，此乃訴訟成敗的關鍵，應依法官的提示及時更正，或事後以書狀修正。而被告的聲明則千篇一律是，「請求駁回原告之訴；訴訟費用由原告負擔」。

接下來，法官會請原告簡單陳述起訴內容，再請被告表明反駁的答辯內容。聽完雙方陳述後，法官會怎麼說、怎麼問，就是訴訟雙方觀察的重點。一般而言，法官會先瞭解原告起訴的事實，而從法官詢問的問題，可以判斷他是否瞭解事實，如果法官對原告提出的證據進一步詢問，通常表示他未必接受，從而也會影響他對原告的看法。就被告的詢問部分，也可依此方式判斷。

之後，法官會就案件如何審理表達意見，例如：有的法官會具體要求雙方進一步說明事實細節，或要求進一步舉證；有的法官會問雙方有無證據調查；有的法官則沒有任何表示，直接就安排下一次開庭時間，或諭知「候核辦」，也就是等候進一步通知及辦理的意思。

一位當事人不滿公司積欠相關款項，他沒有在離職後立即提起訴訟，反而拖延四、五年才決定出手。面對法官首次開庭詢問為何拖延數年才起訴，他的律師並未當場回覆法官，反而要求當事人事後撰寫書狀說明拖延起訴的理由，甚至要求當事人親自出庭說明。

他的律師顯然沒有協助做好原告的起訴準備。事實上，將心比心，一件拖延四、五年才起訴請求的官司，任何人都會好奇拖延的理由，更何況是決定這起官司勝負的法官。原告和他的律師沒有及時滿足法官首次開庭的好奇心，延遲提出說明無異加深法官質疑當事人的起訴動機，也因此種下嗣後敗訴的遠因。

不同於發動戰爭的原告應於首次開庭做好回應法官各種問題的準備，被告既然是被動捲入戰爭的人，如果一時無法及時回應法官於首次開庭的詢問，大可以「嗣後補呈答辯狀」回應法官。如果被告能於首次開庭時回應原告的起訴內容及法官的詢問，甚至先行提出書狀反擊，就能及早經由法官所提出的問題，掌握法官的審理方向。

法官首次開庭短則數分鐘或數十分鐘，長至一個多小時，但開庭時間多寡與結果無關，主要仍應根據法官的反應及表示，推論訴訟未來可能的走向，當事人必須配合法官的要求，補強書狀陳述的不足之處。

中間（準備）庭

除非案情單純，否則，一般而言法官審理需要開多次庭，以瞭解糾紛事實。開庭時間通常間隔兩週或一個月，要求訴訟雙方到場，針對糾紛細節依序調查。然而，每次開庭時間僅十至三十分鐘，且當事人常常說不完而拖延預定的審理時程，擠壓到排在後面的案件。如果你的案子不巧排在較後面的時間，你要有「五分鐘演出」及「法官未必專心觀賞」的心理準備。

所以，雖然訴訟以言詞審理為主，但實務中常是以書面審理為主。當事人必須條理清楚地寫下案情劇本呈給法官，並利用每次開庭反覆說明書狀的重點，讓法官有機會理解，再搭配出庭的言詞演出，才能加深法官的印象。

法官有權決定案件的進行順序，安排開庭時程。中間庭的準備程序都是為了讓法官瞭解訴訟雙方的主張，包括就雙方有利事實的證據調查，如：瞭解書證內容的文意、傳訊證人，這段期間的長短沒有明文限制，必須以法官能夠掌握糾紛全貌為主；依案件複雜程度，通常審理期間從半年到兩年不等。

在這段期間，除了耐心配合法官調查，更應利用與法官溝通的過程，判斷訴訟走向。如果你認為法官的反應對你不利，就要思考如何改變他的看法，並隨時調整開庭的表達及態度。

前例提到拖延四、五年起訴的案件，原告的律師沒有做好準備，不僅失去於首次開庭回應法官的先機，引發法官質疑原告的起訴動機，且在法官訂下兩個月後再次開庭的機會中，仍未掌握時機盡速以書狀說明原告拖延起訴的原委，反而要求原告自行提出書狀說明，沒有將心比心地掌握法官的審判心理。

這位律師沒有做好原告與法官之間的溝通橋樑，任令原告在第二次開庭前一週才提出書狀，即使原告聽從他的要求，於開庭時親自到場再次口頭解釋，已無法改變法官不再審理的決定。原告與他的律師後來雖於三天內緊急提出書狀請求調查證據，仍無法扭轉頹勢，最終法官判決原告敗訴。

對於被告，既然是被迫進入訴訟戰場，如果無法在首次開庭時做好準備，法官也鮮少因此質疑被告。然而，被告在嗣後的中間庭訊，應做好應訴準備及回答法官的問題，才能從法官的反應瞭解他的審理態度。

一起企業遭員工請求職災補償的案件，我代理企業開庭應訴，於首次開庭時得知法官是專門審理此類案件的「老鳥」，為防止他在接下來的二、三次開庭中結束審理此案，我預先推演接續庭訊可能發生的情況，並想好回應對策。果真，法官於第三次開庭時當場決定結束審理，我於是立即起身提出反駁，迫使他繼續調查更多細節；最終，他總計開了七次庭，詳盡審理我所請求調查的證據，我才罷休並停止與他對話，而企業也滿意法官的判決結果，皆大歡喜。

最終（言詞辯論）庭

經過時間不等的調查審理，法官在確認訴訟雙方沒有證據需要再調查或不再提出其他事實後，會預定最終的言詞辯論日期，要求訴訟雙方到庭做最後的陳述及辯論。

由三位法官共同審理的一審重大案件或上訴案件，須明確區分「準備程序」及「言詞辯論程序」，訴訟雙方可以清楚掌握案件進行的節奏。然而，由一位法官審理的一審糾紛案件，一旦法官認為案件已經完成調查，即可隨時結束審理，因此，他所訂定的每次開庭，都可能是最終言詞辯論庭，訴訟雙方宜做好完全準備，以免遭到法官「突襲」結案，措手不及。

在言詞辯論庭上，法官會如同首次開庭時一樣，詢問訴訟雙方的聲明，請雙方簡單述說訴訟理由。由於經過歷次開庭的詳細調查，法官對雙方最終辯論的內容通常不會太關注，儘管他們的表情往往看似專注。

如果你在最終的言詞辯論時，提出過往未曾提出的證據、事實或主張，應提醒法官特別注意，或許法官會因此改變心意而重新調查，進而延後結案時程。一旦法官聽完訴訟雙方的陳述，會再確認有無其他主張，而後即宣示結束審理，訂期宣判結果，寄送書面判決。

訴訟規則給予法官自由心證的前提，在於「斟酌雙方辯論意旨及調查證據結果」，所以如果在審理過程中，你的言詞表現及書面劇情沒有打動法官，他的自由心證自然不會傾向你。在等待法官宣判的期間，若發現能翻轉案情的事證，或可及時再提出書狀，以爭取法官再開辯論，並做為上訴的理由。

民事及行政訴訟的勝負標準是以「原告的請求有無被准許」，法官判決主要為「准許原告的請求」或「駁回原告的請求」，他的自由心證結果不能超出原告的請求範圍，但可以同意原告的部分請求。

勸諭和解

行政糾紛涉及政府施政，且涉及公務員的責任，法官勸諭訴訟雙方和解的可能性較小。民事糾紛僅涉及私人間的權益糾葛，法官通常會在開庭過程中嘗試勸諭雙方考慮和解，但法官勸諭和解沒有強制力，當事人可以選擇接受與否。無論如何，應謹慎回應與操作，避免讓法官留下不好的印象，影響他對案件的看法。

法律規定的和解有「訴訟上和解」及「訴訟外和解」兩種。前者與確定判決具有同樣效力，如果對方不履行和解條件，可聲請法院強制執行；後者僅具一般合約的效力，如果對方不履行，須另提訴訟，請求對方履行和解內容。法官勸諭雙方和解時，通常不會要求應在訴訟上和解，當事人有權決定是否和解，以及採取何種和解方式。

有些法官勸諭和解不成後，就專心審理案件，不再詢問雙方；但有些法官會鍥而不捨，不時在審理期間詢問雙方。無論你遇到哪一種法官，都應慎重加以回應，避免讓法官感覺「和解不成的原因在你」。請記住，法官透過勸諭和解的過程，也在瞭解糾紛事實的真相。

目前的民事審判實務，常在原告起訴後，先將案件送交調解，由法院選任的調解委員先試行調解，一旦調解不成，再送法官審理。然而，如《商業事件審理法》及《勞動事件法》等特殊訴訟規則，明定即使原告直接遞狀起訴，仍須先經調解委員試行調解，無法直接進入法官審理，且《商業事件審理法》更要求商業訴訟事件的訴訟雙方應於調解期日到場，否則法院有權裁定處罰三十萬元以下的罰鍰。

專家鑑定

許多民事糾紛涉及專業判斷事項，如房屋漏水原因、專利侵害範圍、醫療損害原因、交通事故、災害鑑定等等，法官不是萬能，對於涉及專業事項的事實認定，必須仰賴專家鑑定。雖然法官常表示「鑑定結果只是參考，仍會依法認定糾紛事實」，但實務中甚少法官會做出與鑑定結果不同的判決。

當法官表示將案件送請專家鑑定時，當事人或許可依所處的立場，決定是否爭執「應否送請專家鑑定」。如果你無法說服法官改變心意，首應注意如何選定專家從事鑑定。過去在工程鑑定上，主要聘請「建築師公會」或「土木技師公會」等專家進行，但這兩個機構的鑑定結果常出現不同；至於醫療糾紛的案件，醫學鑑定機構也不乏派別的疑慮。

專家鑑定結果既然是訴訟勝負的關鍵，一旦法官決定送請專家鑑定時，你要先注意必須鑑定的項目是什麼，瞭解鑑定機構的實際狀況，以及遭人為操縱的程度如何，還有送請鑑定的事項是否清楚，是否有利於你的訴訟結果等等，甚至設想一旦鑑定結果不利於己時，有無其他因應方式，才能降低訴訟的不可控因素。

一位重機騎士高速行駛，違規自一輛欲右轉的貨車右方超車，不幸因此撞擊該貨車後受傷，經送醫後雙腿遭截肢。交通事故鑑定委員會認定受傷的重機騎士有上述違規情事而為肇事主因，檢察官調查後確認貨車司機沒有涉犯過失致人重傷的罪嫌，因此做出不起訴處分。未料，法院竟同意重機騎士所提交付審判的聲請，案件因此交由法官審理，法官於是再送請交通事故鑑定委員會重新鑑定。

這起從檢方不起訴處分轉變到法官直接審理的案件，竟然沒有引起貨車司機原先聘請的律師提高警覺，反而一如往昔靜待交通事故鑑定委員會的重新鑑定，貨車司機後來諮詢我的意見，我建議他趕緊自行提出書狀，加強論述原先鑑定的結論，以免交通事故鑑定委員會改變立場。

貨車司機雖然聽從我的建議，自力救濟地緊急提交補充書面理由給鑑定委員會，但因先前已遲延等待多時，鑑定委員會雖仍維持「受傷騎士超速及違規右轉為事故主要原因」，但於鑑定書添加「貨車司機未於右轉前三十公尺打右轉方向燈為發生事故的次要原因」一詞，複核法官核准交付審判的理由，進而改變先前立場，徒增貨車司機在法官審理遭可能敗訴的困擾。

專家出具鑑定結果後，會將書面鑑定報告送交法院。法官通常會請書記官通知訴訟雙方到場閱卷，並要求雙方以書狀表示意見；即使法官未通知訴訟雙方，也會在下次開庭時詢問，因此在案件等待鑑定結果期間，一旦法官通知開庭，即表示鑑定結果已出爐，你最好在開庭前先向書記官請求閱卷，以做好回應的準備。

上訴程序

上訴程序包括二審及三審。審判實務中，一審勝訴的一方，在對方上訴二審後，常遭到改判。尤其，二審法官通常會依上訴人的要求，調查一審未調查的證據；不同於一審法官，二審法官不會先看一審原告的起訴狀，而是先看一審判決的內容，他未必會贊同一審法官的自由心證。

所以，訴訟展開前必須全盤掌握對己有利及不利之點，尤其對可能影響案情的證據，最好能一一評估。即使獲得一審勝利，不代表就能高枕無憂，必須更謹慎處理二審法官對進一步調查證據的自由心證。

至於法律規定可以上訴三審的案件，雖然三審屬於「法律審」，訴訟雙方都不能再提出新證據，但如果二審法官對應調查的證據沒有調查，而可能影響糾紛事實的認定時，三審法官仍可能廢棄二審判決，將案件發回二審重新審理。

由於實務上三審主要採書面審理，當事人無法與三審法官面對面溝通，只能透過書狀傳達，所以更應注重筆下工夫。必要時可以向最高法院聲請閱卷，但三審法官通常不會在卷宗上註記或批示任何內容；儘管如此，仍可透過聲請閱卷瞭解對方有無提出書狀之外的文件，以確保你與三審法官所見的法院卷宗是相同的。

實務狀況是，一件案子從原告起訴到取得確定判決，短則耗時一、兩年，長則拖延數年，甚至十餘年。我甚至見過一起官司打了超過二十年以上，訴訟雙方均是企業，而其中唯一獲利的是雙方代理的律師。

刑事訴訟的偵查實務

刑事訴訟的偵查實務是由檢察官主導，不屬於由法官主導的刑事審判實務。然而，司法實務上，案件能否進入刑事審判實務，多半取決於檢察官是否起訴犯罪嫌疑人；檢察官雖無決定被告是否犯罪的權力，但他有權決定應否起訴犯罪嫌疑人，享有類似法官對被告的「生殺大權」。所以，偵查實務中的被害人及犯罪嫌疑人猶如民事訴訟的原告與被告，同樣承受著能否說服檢察官的壓力，如同在刑事審判實務中的當事人，須承擔「如何在訴訟中說服法官」的壓力。

偵查實務中，檢察官享有主動偵查犯罪事實的權力，不論是被害人提出追訴或有人檢舉，只要他們得知有犯罪事實，就可以啟動偵查。但因法律規定偵查不得公開，不論被害人或犯罪嫌疑人都無法知悉檢方的辦案動作，只能以書狀請求檢方開庭，才能取得與檢察官當面溝通的機會。

我曾處理一件企業對員工提出背信的刑事告訴，因企業先前委任的律師主張多項犯罪事實，寫了五、六份書狀，提出一百多項證據，但檢方或因不瞭解告訴內容而不開庭。我接手後再次提出書狀，一方面縮減告訴範圍，一方面調整犯罪事實，最終成功說服檢察官起訴違法的員工，只是企業又多花了兩年的時間成本。由此得到的教訓是，在沒有掌握全盤事實前，不宜貿然提告，以免造成檢察官刻意停擺，反而不利訴訟進行。

偵查的強制手段

檢方偵查的通知單通常以平信寄送，犯罪嫌疑人若因未收到通知而未到庭，恐將影響檢察官的觀感。所以，若聽聞將遭調查時，最好留心信件收受，以免遭檢察官誤會「屢傳不到，有逃亡之虞」，進而採取強制手段，進行搜索或拘提。

《刑事訴訟法》允許檢察官採取搜索及扣押等強制手段進行調查，但應有合法的搜索票，其上應記載「搜索的地點」、「搜索的案由」及「搜索票有效期間」等等。搜索票原則上是由法官核准，但在例外情形可先執行搜索，且未必是檢察官親自執行，而是請調查局人員辦理。

實務經驗上，調查局人員常採取拂曉出擊，大清早前往可疑的犯罪地點搜索及扣押，讓人措手不及，且他們常利用被搜索人不懂法律或因恐懼害怕，而未要求出示合法搜索票，之後再要求被搜索人簽立「自願性同意書」，以合理化他們的搜索行動。過去曾發生憲兵違法搜索，且要求被害人簽立同意書遭拒的事件，引發社會關注，最後由高階軍官出面道歉，即為一例。

面對檢察官動用強制手段的調查，當事人應冷靜面對，要求對方提示合法證件，包括執法人員的證件及合法搜索的文件，並應確認文件記載內容是否與事實相符。我辦理過類似的案件，當事人或因緊張而疏於注意，或因不敢與調查局人員唱反調，便聽命他們的指示辦理，影響接續的刑事訴訟甚鉅。

若是違法搜索取得的證據，可否做為認定被告有罪的證據？依法不可，但不法證據可能已經造成法官心裡認定被告有罪，嚴重影響被告的刑事訴訟權益。

檢方完成搜索及扣押後，常會一併將犯罪嫌疑人帶回訊問，以此方式取得犯罪嫌疑人或其他關係人的口供；也可能再以通知書要求犯罪嫌疑人到場。由於檢方開庭調查只允許被傳訊者入內，而且在尚未確定為犯罪嫌疑人前，常以「關係人」身分通知到場，而關係人無法聘請律師陪同接受訊問。一旦遭檢方通知訊問時，你應反思自己的行為有無「參與犯罪」的可能，注意回應檢方的問題，避免讓檢方因懷疑而將你轉列為被告；如果你陷入當局者迷的困擾，最好預先諮詢專業律師，以防不測。

偵查的訊問方式

偵查實務上，檢察官未必會親自訊問犯罪嫌疑人，但他握有起訴或不起訴的最終決定權。《刑事訴訟法》規定檢察事務官、調查人員或警方可協助檢察官偵查訊問，實務上則各有不同的訊問方式：

檢察事務官的訊問：檢察事務官通常以檢察官的名義發出傳票，但會載明「由某某檢察事務官詢問」，且訊問地點是在檢察事務官獨立的辦公處所，仍不公開。檢察事務官訊問被害人或犯罪嫌疑人後，通常不再由檢察官覆訊；甚至檢察事務官協助辦理的案件，檢察官也可能不再傳訊，就做出起訴或不起訴的決定。因此，接受檢察事務官訊問後宜提出書面陳述，好讓檢察官有機會審閱書面內容，以免造成遺憾。

調查人員的訊問：偵查實務中，調查人員受檢察官指揮辦案，但也可獨立展開調查工作，嗣後再將案件移送給檢察官。訊問時，常有兩、三組人員不時進出訊問室，針對相同或類似的問題反覆訊問，且可能同時訊問多位犯罪嫌疑人，相互比對口供。他們也常以「配合調查訊問便可提早回家」為由，誤導受訊問人，以換得他們想要的答案，受訊問人常因此配合辦理，徒增將來翻供的難度。尤其，調查人員搜索後的訊問，常拖延至傍晚或深夜，再將犯罪嫌疑人移送給檢察官進行覆訊，而檢察官覆訊後，常以向法院聲請羈押為由，繼續留置犯罪嫌疑人。因此，就調查人員訊問的案件，最好聘請辯護律師陪同前往訊問，辯護律師可全程參與，斟酌提出書面陳述，協助犯罪嫌疑人澄清誤會，做為日後審理的利器。

警方的訊問：司法警察依檢察官的指示辦案，訊問地點大多是在受訊問人住所地的駐地警察局。實務上，發交給警方調查的案件通常案情不複雜，檢察官取得並審閱警方的訊問筆錄後，會決定是否進一步傳訊相關人員。警方也可能因為有人提出檢舉或追訴，通知受訊問人到場，若糾紛雙方誤會澄清，檢舉人不再堅持追訴，警方可自行結案。如果警方無法勸諭雙方和解，檢舉人堅持提出追訴，警方完成雙方筆錄後，會將案件移送給檢察官。無論哪一種情形，受訊問人結束訊問後，宜考慮提出書面陳述，以彌補或澄清回覆的不足之處。

檢察官的訊問：通常檢察官若未掌握可信的犯罪事實及證據，不會隨意出面，因此犯罪嫌疑人遭檢察官傳訊時，最好假設檢察官已掌握全部「犯罪情節」，事先模擬檢察官的問題，或準備必要的證據。每位檢察官或有其獨特的辦案方式，未必聽取被害人或犯罪嫌疑人的口頭陳述，被害人或犯罪嫌疑人為保護自身權益，可視情況提出書面陳述，即使檢察官未審酌書面內容，該書面陳述仍可做為未來爭取法官審判權益的佐證。

偵查結束的後續

檢察官訊問犯罪嫌疑人後，有權就犯罪嫌疑人的涉案程度及其回答內容，決定犯罪嫌疑人可以自由離開，或交保候傳，或限制住居，甚至向法官聲請羈押。常有犯罪嫌疑人認為檢察官不聽他的辯解，於是放棄提出書狀說明，這實在是不智之舉。事實上，針對不適用《國民法官法》審理的案件，偵查中所提的書狀內容會隨著檢方卷宗移送到法院，即使不幸遭起訴，仍然可於法庭審判時運用。我一向建議當事人採此做法，以便能爭取法官不同的看法。至於主動提告的告訴人，如果檢察官不認同告訴內容，更應積極澄清，以免遭對方事後追究誣告之責。

就犯罪嫌疑人部分：犯罪嫌疑人若不幸遭起訴，必須面對未來的審判，但法官審理採公開方式，對於不適用《國民法官法》的案件，可閱覽檢方卷宗，才能掌握審判的法官閱讀檢方卷宗後的可能想法。常有當事人在檢方做出處分後，仍擔心檢方隨時會再以強制手段進行搜索或聲押，此為過分憂慮。而若獲得不起訴處分，告訴人通常會向高等法院檢察署提出再議，一旦再議駁回，才算遠離刑事風暴。

就告訴人部分：若犯罪嫌疑人被起訴，案件將移送給法官審理，轉由檢察官以原告地位追訴被告。告訴人可以「利害關係人」的身分到場，或可提起刑事附帶民事訴訟，參與審理。如果案件遭不起訴或緩起訴處分，告訴人有權向高等檢察署提出「再議」，高檢署若認為再議無理由，會駁回告訴人的聲請，告訴人可向法院提出「交付審判」，但實務上成功機率較低。

刑事訴訟的審判實務

刑事訴訟的審判實務旨在審理被告有無犯罪，但因刑事訴訟涉及被告人權，在權衡被害人及被告的權益下，實務上可分以下情況說明：

案件性質：公訴案件與自訴案件

刑事案件可由起訴的原告區分為「公訴案件」及「自訴案件」。前者由檢察官代表國家起訴；後者是由被害人起訴。審判實務中，法官審理時通常比較重視公訴案件，對自訴案件則相對付出較少心力，因為自訴案件的被害人本可選擇請求檢察官調查有無犯罪，先整理及過濾犯罪嫌疑人的犯罪事實及證據，但被害人直接向法院起訴被告，無異將法官視為檢察官。

許多被害人不清楚刑事犯罪有嚴謹的法律構成要件，甚至明知行為人沒有犯罪行為，僅是民事私權糾紛，但為迫使對方就範，乃企圖採取刑事手段達到填補損失的目的，如對方積欠高額債務無法還錢，於是以涉嫌詐欺犯罪追訴對方，此乃俗稱

「以刑逼民」。

如果被害人請求檢察官偵查，檢察官調查認定為單純的民事糾紛，將以不起訴處分結案，以防止被害人濫用刑事追訴手段。所以，針對遭檢察官起訴的被告，法官審理時，只要專注於檢察官起訴的犯罪事實及證據可否證明被告犯罪。

至於被害人直接起訴的自訴案件，法官心裡或許會有「被害人不知犯罪構成要件」或「故意以刑逼民」等先入為主的看法，故而在審理過程中，會要求被害人必須提出強而有力的證據，而且相較於公訴案件，法官安排審理自訴案件的時程往往較不積極。

尤其，自訴案件的被害人沒有偵查犯罪的公權力，法官審理案件時，只看到自訴人的起訴書及所附證據。這類案件等於變相請求法官協助他們調查犯罪，如果自訴人沒有很強的事實及證據說服法官調查，法官或可依《刑事訴訟法》所定的「無罪推定」原則，判決被告無罪。

如果你是刑事被害人，較不擔心因偵查不公開而有黑箱作業的疑慮時，宜向檢察官請求偵查，並配合檢察官的要求，提出對方犯罪的證據，且請求檢察官動用公權力，協助調查對方的犯罪事實。實務上這樣的流程往往得耗時一至兩年的時間，但由檢察官起訴的公訴案件，法官審理較為慎重，仍不失為良策。

追訴者：偵查檢察官與公訴檢察官

過去當檢察官起訴被告後，會將手中握有的所有偵查卷宗移交給法官，結束檢察官的偵辦追訴動作。雖然《刑事訴訟法》明定檢察官是刑事訴訟的原告，但檢察官從未在法官調查的過程中出現在法庭，只在法官即將結束審理作業的最後一次開庭，才會通知檢察官蒞庭。

《刑事訴訟法》修正後，要求檢察官必須在法官審理時，確實扮演原告的角色，因此檢察官從法官審理的開始到結束，都必須到庭舉證被告的犯罪事實，且接受被告及辯護律師的挑戰。

為了調和檢察官偵辦犯罪的沉重壓力，法務部因此創設了所謂「公訴檢察官」及「偵查檢察官」的不同職務。前者擔任審判過程中原告的角色；後者負責第一線的犯罪偵辦工作，在偵查庭中訊問犯罪嫌疑人，並隨時機動出勤偵查犯罪。偵查檢察官無須面對法官審判，而面對法官的公訴檢察官又未實際偵查被告，形成刑事訴訟的一大奇景。

實務上，同一案件先由偵查檢察官調查起訴，再由公訴檢察官接手追訴，前後兩位檢察官的看法未必一致，但後者必須承擔前者的既有看法。而公訴檢察官在接手案件之前從未與被告接觸，對被告的理解與法官相同，僅從偵查檢察官起訴的卷宗裡瞭解案情，究竟能展現多少刑事原告的功能，值得商榷。

審判實務中，公訴檢察官與法官搭配成組，也就是一位法官所承辦的刑事案件，均由同一位公訴檢察官承接刑事原告的角色，法官與公訴檢察官朝夕相處應可產生默契。然而，對刑事被告及辯護律師而言，法官審理時原告、被告地位是否相等，也值得商榷。

尤其，案件進入審理後，公訴檢察官不再動用公權力調查，對於法官要求原告舉證的事項，或被告及辯護律師質疑偵查檢察官起訴書所引用的證據，公訴檢察官常以「請法官調查或依法認定、判決」等，將應舉證被告犯罪的責任轉嫁給法官。從實務運作以觀，是否達到《刑事訴訟法》要求檢察官應積極舉證被告犯罪的目的，更值得商榷。

我曾親身經歷一起公訴案件，公訴檢察官不認同偵查檢察官的起訴內容，甚至私下表示，他完全看不懂偵查檢察官的起訴書，要怎麼執行追訴被告的原告角色。而在法官審理的過程中，這位檢察官雖未表示看不懂起訴書，但從他的訊問內容，可以明白他的確看不懂起訴書，我只好協助他們整理與修正起訴書所述的事實，將正確內容一一呈現給法官及公訴檢察官，最終協助被告洗刷冤屈。

審判者：專業法官與國民法官

二〇二三年一月起實施《國民法官法》，刑事訴訟審判實務有所變化。對於故意犯罪因而發生死亡結果等該法所定的案件，都交由專業法官及國民法官共同組成的審判庭審理，改變過去單純由專業法官審理的刑事審判實務，但不是該法所定的一般刑事案件，依然由專業法官審理。

此項司法改革究竟應從單純的刑事案件入手，還是從重大刑事案件著手，眾說紛紜。刑事審判實務講求「罪刑法定主義」，也就是被告是否構成犯罪，須符合刑事法所定相關構成要件，且行為具有違法性及有責性等，而法律明定國民法官不具備法律專業，能否掌握刑事法所定各別犯罪的要件，成為個案刑事被告的重大挑戰。

以不具法律專業的國民法官共同參與刑事審判的主要目的是協助認定犯罪事實，然則刑事法講求「罪的法定」，如果國民法官不能掌握具體犯罪的構成要件，則具體個案將無法實現司法正義。固然，《國民法官法》明定專業法官須在個案審判前，向國民法官說明刑事審判程序、基本原則、被告被訴罪名的構成要件及法令解釋等等，但此等內容須耗費專業法官兩年大學學習時間，對於國民法官能否透過專業法官的說明即能掌握，有待觀察討論。

由專業法官審理的一般刑事案件，訴訟雙方在刑事審判過程中，須將具體犯罪事實，技巧轉化為法律專業描述，以便讓專業法官容易理解，但在國民法官參與的重大刑事案件中，訴訟雙方與法官之間的溝通語詞，即須考量不具法律專業且來自不同行業別的國民法官，無異增加訴訟雙方在刑事審判過程中的壓力。

尤其，國民法官非屬專職，各有自身的工作壓力，法律雖給予參與審理案件的國民法官一定期間的公假，但也表示此類案件有特定的審理期限，勢必造成審判法官及訴訟雙方的壓力，被告如何有效率地展開答辯，並於審理期限內完整陳述答辯內容，成為能否順利脫困的關鍵。

審理前提（起訴格式）：一本主義與全部卷宗

不同於一般刑事案件的審理程序，舉凡適用《國民法官法》審理的刑事案件，當檢察官起訴被告後，僅能將載明犯罪事實及起訴法條的起訴書送交法官，不可將偵查期間所取得的所有卷宗送交給法官，此乃參考日本制度所稱的「起訴狀一本主義」，目的是讓立於公正第三人的法官審理被告有無犯罪前，無法事先閱覽檢察官起訴前的相關卷宗，以免對被告產生偏見。

長期以來，刑事審判實務在檢方起訴被告後，會將起訴前的所有偵查卷宗隨同起訴書一併送交法官，法官在開庭審理被告前，即能閱覽涉及被告犯罪的所有偵查卷宗。法官能否堅持以「無罪推定」原則公平看待被告，乃刑事審判實務長久以來的爭論，也是被告面臨刑事審判實務的壓力所在。

事實上，即使《國民法官法》採取起訴狀一本主義，承審法官是否會因不能閱覽所有偵查卷宗，而公平看待被告？還是因此更加懷疑被告或對被告產生偏見？

現行刑事審判實務因實施《國民法官法》，將案件區分為「起訴狀一本主義的案件」及「全部卷宗移送的案件」，並適用不同的刑事審判規則，被告在法官審判前，宜瞭解將面臨哪一種審判方式，並做好因應準備。

此兩種審理方式最大不同在於起訴狀一本主義的案件，在刑事審判程序中，須有所謂「開示案件卷宗及證物」的程序，也就是在檢方開示卷宗及證物前，被告及辯護人無法如同全部卷宗移送的案件一樣，在卷宗移送法院而法官尚未開庭前，可經由閱卷瞭解檢方偵查的所有卷宗，提早做好答辯工作。被告及辯護人須等檢方開示卷宗及證據後，積極有效率地提出答辯對策，才能回應國民法官的審理期限。

審判實況：準備庭與審理庭

刑事訴訟一、二審的審判作業可分為：準備庭及審理庭，都屬於言詞審理。前者通常由一位法官出庭；後者則是三位法官；至於適用《國民法官法》的重大刑事案件，除了三位專業法官，另有六位國民法官。準備庭的法官是案件主要的承辦者，但法律規定審理結束後的判決為參與審判的全體法官採行合議制，也就是決定被告是否犯罪採取多數決，而判決書仍由準備庭的法官撰寫。

準備庭的法官主要負責瞭解訴訟雙方就起訴書所述的犯罪事實及證據有無意見，有無其他應調查的證據，並協商未來審理庭的流程。這段期間的長短視訴訟雙方對起訴書的意見及所提出的請求而定。對被告而言，準備庭期間也是反攻的大好時機，因為被告之所以遭偵查檢察官起訴，表示在偵查期間提出的答辯無法說服檢察官。當法官召開準備庭討論未來的審判流程時，正是調整答辯策略及方向的機會，被告應提出請求書狀，將偵查中未釐清或妥善因應之處，以請求調查證據的方式提請法官調查，以便在未來審判庭時完整呈現。

換句話說，準備庭是訴訟雙方協商證據調查的前置作業；審判庭主要處理文書證據調查及證人詰問等內容。準備庭必須排定證人出庭順序及文書調查順序等等；審判庭的全體法官則藉由調查證據的過程，瞭解被告有無犯罪事實。如果不幸遭起訴，應審慎思考如何改變法官對你的看法，導正起訴書的錯誤指控。

準備庭的法官通常會給訴訟雙方充分表達的機會，被告可藉由與法官的對話互動，推敲法官對起訴書所載起訴事實及證據的看法。準備庭沒有次數的限制，如果想多掌握法官的態度，可鉅細靡遺挑剔起訴書的問題，從法官的反應測試他是否真的做到「無罪推定」的心證原則。

準備庭結束後，由三位法官組成的審理庭接續展開。審判進行中，被告依法可行使緘默權，但每位法官對緘默權或有不同的想法。曾有被告在法官審理時，行使緘默權，法官固然無法強制被告說明，但最終選擇相信檢察官的起訴事實，判決被告有罪。

透過準備庭及審判庭的言詞審理，再搭配書面資料的審理，法官履行審理程序後，最終將再另訂辯論日期，由訴訟雙方總結攻防辯論，最後再訊問被告有無陳述，進而宣示結束審理作業。

法官會預告判決宣示日期，且書面判決會在判決宣示後寄送給被告。不服一審判決的人有權在收到判決書後二十日內提出上訴，而二審的作業程序類似一審，但二審法官對於一審已調查審理的證據，通常不會重複調查。

調查證據：詰問證人與訊問證人

「證人詰問」的制度是二〇〇一年增修的訴訟程序，主要源自英美法思潮，希望改變過去由法官直接訊問被告及相關證人的做法，讓法官中立聽審。過去採行的大陸法體制，被告雖可請求法官傳訊相關證人，但訊問證人的主導權在法官，被告無法直接詰問證人。

修法本意原在提升被告在刑事審判中的人權保障，但僅增加訴訟雙方詰問證人的權利，同時保留法官訊問證人的權力，與英美法制度迥異。實務上，法官允許訴訟雙方充分詰問證人，但法官仍可訊問證人，並推翻訴訟雙方先前詰問證人的內容。此制度實施迄今，毀譽參半，是否真能保障刑事被告的訴訟權益，還有許多討論空間。

證人詰問的程序可分為主詰問、反詰問、覆主詰問、覆反詰問，當事人對請求傳訊的證人進行主詰問，再由對造進行反詰問，之後就證人回答的內容再行詰問。這套抄襲自英美的「交互詰問制度」，在實際審判時少有法官確實執行，主要原因在於曠日廢時，且詰問的內容未必與犯罪事實有關，加上法官可直接訊問證人，所以法官通常是讓訴訟雙方充分詰問證人而無須來回各兩次。

法律規定一方在詰問證人時，另一方有權對不適當的問題行使異議權，而法官須立即裁示異議成立或不成立；但在實際審理期間，法官常會協調訴訟雙方無須行使異議權。儘管如此，在詰問證人的期間，案件可能在一週內連續開庭多次，時間或為半天或一整天。

由於檢方起訴常以相關證人的證詞做為起訴依據，許多辯護律師常會在法官審理期間再度傳訊相關證人，而不是先詳細與當事人研究有無物證或文件，以便直接突破不利證人的證詞。試想，證人遭檢方偵訊時，或因內心惶恐做出證詞，未必會在法庭審理時改變說法；甚且，證人在法庭上必須面對公訴檢察官及法官的再次挑戰或質疑，是否能表現正常也未定。

我過去曾辦理檢方起訴多位被告涉及《證券交易法》的刑事案件，共同被告所選任的辯護律師執意要詰問證人，想藉此推翻起訴書引用的相關證人證詞，但我建議我的當事人無須隨之起舞，而是從企業內部的其他文件澄清事實，間接說明證人在偵查中的證詞不可做為被告犯罪的證據。最終其他律師也放棄詰問證人，案件在法官查明事實後也順利還所有被告清白。

協助當事人尋找有利資料的過程雖然辛苦，但比起坐在法庭內漫無目的詰問證人，反而能夠更有效率地控管訴訟風險，不僅協助法官有效地審理案件，更可掌控自己及當事人的時間。

審判原則：無罪推定與有罪推定

刑事被告未經審判證明有罪確定前，推定為無罪，是刑事審判實務的「無罪推定」原則。然而，長久以來的司法實務現況是，法官收到檢察官的起訴書時，同時會收到檢方從偵查開始到結束的所有卷宗，法官在開庭審理前，不僅閱讀了起訴書，更可參閱檢方附卷的所有不利於被告的資料。法官能否堅持「無罪推定」原則？

為了消弭此疑慮，《國民法官法》改變上述做法，規定適用此法審理的案件，檢方僅能提交起訴書給法官，不能將所有偵查卷宗移送到法院；但就依然適用《刑事訴訟法》審理的案件，檢方偵查的所有卷宗仍一併送交法院。從而，刑事法官承辦的案件可能同時包含適用不同訴訟規則的上述兩種案件。

如果你是法官，早習於先看到檢方起訴並移送的所有偵查卷宗，一旦審理到應適用《國民法官法》的案件，僅收到檢方的起訴書，無法閱覽檢方偵查的所有卷宗，能否調整心態，不會對被告產生先入為主的看法？或抱持著「無罪推定」原則，審理手中的不同案件？

法官在進行刑事審判時，他的自由心證主要圍繞在檢察官提出的證據能否證明被告犯罪，但是如果檢察官起訴的證據未必能證明其所述的犯罪事實，法官在檢方起訴的範圍內，仍有權調查被告一切不利的證據，以補強檢方起訴書所引用的不足證據。所以，被告如果想爭取無罪答辯，除須一一批駁起訴書所述的犯罪事實，尚須注意法官調查的其他證據。

二〇一四年間發生頂新公司販售不明食用油，相關負責人遭彰化地檢署起訴，但彰化地院判決所有被告無罪，引起社會譁然。彰化地院發出的聲明稿表示：「無罪推定係世界人權宣言及公民與政治權利國際公約宣示具有普世價值，並經司法院解釋為憲法所保障之基本人權……如果檢察官所舉證據尚有不足，法院仍照單全收而為被告有罪之判決，非但與無罪推定之原則有違，且被告一旦被檢察官起訴即難逃遭法院判決有罪之命運，人權將無法確保，無辜被告勢將身陷冤獄，如此司法才真的已死。」

彰化地方法院的聲明稿踐行了「無罪推定」原則，但該案嗣後經檢方提出上訴後，頂新公司的相關負責人最終仍遭確定判決有罪，並入監服刑。由此可見，「無罪推定」原則不容易實現。

我國的刑事訴訟制度經多次改革。過去檢察官與法官同坐在審判席上，一同面對被告，當時遭檢方起訴的被告，通常逃不過有罪判決；之後，檢察官退下審判席，但曾有段期間，檢察官在法庭上的公訴席位仍高於被告；而今，檢察官與被告席位對等，制度設計已朝保障被告人權的方向前進。但法官審判是否真正落實了「無罪推定」原則，仍有待司法界及社會大眾共同努力。

認罪協商：通常程序與簡易程序

法官受理檢察官起訴被告後，會在首次訊問被告時，瞭解被告欲做「無罪答辯」或「認罪答辯」。前者是指被告不承認檢方起訴書所指訴的犯罪，法官因此必須依法進入審理程序；後者是指被告承認檢方起訴書指訴的部分或全部犯罪，若該罪不是法律所定的死刑、無期徒刑或最輕本刑為三年以上有期徒刑等犯罪，就可適用簡易審理程序。

這個制度是二〇〇三年新增的刑事訴訟程序，就被告犯罪明確且非嚴重犯罪的情形下，簡化法官應履行的審理程序，以節省案件壓力與司法資源。《刑事訴訟法》對被告認罪後所進行的簡易程序有詳細規定，且賦予法官在調查被告犯罪的過程中，如果發現不符合簡易程序時，有權變更為通常程序。

簡易程序與通常程序的主要差別在於，對被告犯罪事實的證據調查可簡易行之，證人在檢方偵查中所為的證詞、自白都可直接做為法官審理的依據，無須再詢問被告及調查有利證據等等。

依簡易程序進行的審理，最終可以採簡易判決的方式作成判決書，且對於法官依被告所表示願意接受的科刑範圍所做的判決，被告不可上訴，理由是被告既已認罪且接受科刑範圍，自然不允許事後反悔。

有個認罪協商的知名案例：遠雄集團創辦人趙藤雄因案被起訴，一審遭判刑四年半，但在二審法官即將宣判前，他突然提出書狀認罪，並請求法官再開辯論，法官最終在二〇一五年十二月二十五日判決被告有期徒刑兩年，緩刑五年，並捐公庫新台幣兩億元，全案確定。由於一般刑事案件，從檢察官偵查起訴到終局判決，若採行通常程序，短則耗時兩、三年，長則拖延數年，甚至十餘年，認罪答辯而採行簡易程序，可省下不少打官司的時間，也可以換取法官從輕量刑的機會。以上述案例，不僅二審改判減少兩年半徒刑，更換得緩刑機會。

憲法訴訟的審判實務

憲法訴訟的前身是大法官會議，它原是由「大法官」組成的會議，經由會議討論涉及憲法議題的紛爭，再以書面作成解釋文後，對外公布解釋文內容。所以，在《憲法訴訟法》實施前，涉及憲法議題的紛爭案件沒有開庭審理機制，只有透過書面文書送交大法官會議審查。

司法院為回應司法改革的訴求，將上述書面審查機制改為以「憲法法庭」進行的審理機制，將涉及憲法議題的紛爭案件交由以司法院院長為審判長的大法官，組成審理庭並依案件類型及個案需求，召開言詞辯論庭，將原本僅以書面審查的機制，變更為類似一般民事、刑事或行政案件的訴訟機制。

此變革賦予訴訟雙方當事人有機會與大法官見面交流，但因所爭議的案件內容涉及憲法問題，而憲法議題乃現代民主國家的立國根本，蘊含高度政治性，審理個案的大法官透過言詞辯論的審理程序，能否因此改變對憲法議題的既有意見及看法，維持客觀性與公正性，容有疑慮。

不過，比之於一般民事、刑事及行政訴訟的審判實務，憲法訴訟的審判實務有下列特點：

爭議內容的特殊性

《憲法訴訟法》規定涉及六種憲法議題的案件可由不同機關或人民提起訴訟，主要是審理各項法律規定或政府命令是否牴觸憲法，而非單純審理具體案件的法律適用或政府命令適用的問題。其次，憲法所定內容大都屬於原則性規定，除了政府各機關權限，亦涉及人民權益，如：生命權、自由權、平等權及財產權等等的保障，而此等問題大都涉及公共利益及個人利益之間的權衡。

以美國最高法院審理憲法問題為例，其就「羅訴韋德案」（*Roe v Wade*）允許母體懷孕胎兒二十四至二十八週之前進行墮胎的歷史性裁決，於二〇二二年六月二十四日以大法官人數六比三的結果，裁定女性墮胎非美國憲法賦予的權利，並將是否允許女性墮胎的決定權交給各州自行裁決，此乃女性身體權與胎兒生命權之間的利益權衡。

隨著最高法院推翻「羅訴韋德案」的裁判意見，引發美國民眾正、反兩面的爭議，並影響數百萬女性因此可能失去墮胎的權利，造成全美多地的墮胎診所紛紛關閉，更將導致美國二十多州針對墮胎行為認定為非法。因此，美國總統拜登對最高法院的裁定表示失望，但前任總統川普因該裁定的三位大法官屬於保守派，因此以六比三的懸殊比例通過此案，大表贊同裁定結果。

由此可見，涉及憲法議題的案件，無論大法官的判決結果為何，總會引發民眾不同的看法及討論，也因此上述美國最高法院的裁定公布後，即使美國各地多有抗議活動，但是奧克拉荷馬州仍通過禁止墮胎法案，嚴禁女性於受孕階段墮胎，只有極少數的例外情況才允許墮胎，如：遭強姦或亂倫等。

人民提起此類爭議案件時，應表明憲法所揭示的何種基本權利遭受侵害，如：人身自由權、言論自由權、訴訟權、工作權等等，且應提出侵害該基本權利的緣由，並說明具體法律規定或政府命令違反憲法保障人民的哪一項權利。

二〇二二年五月間，我國憲法法庭曾就一起義大利男商與台灣空姐之間爭奪女兒親權案，認定最高法院的確定判決違憲，因此發回最高法院重新審查。審理該案件的其中五位大法官認為，當事人空姐沒有具體說明憲法所定的何種基本權利受到侵害，認為她聲請憲法法庭裁判的案件不符合《憲法訴訟法》所定審查要件，憲法法庭不應受理該案件。

媒體報導該當事人曾在官司敗訴確定後，由遭爭奪親權的八歲女兒寫信給當時的總統蔡英文，聲稱她想留在台灣，但最高法院確定判決將其親權判予義大利男商，因此這起憲法法庭首宗審理的案件恐有政治操作的疑慮。事實上，適用《憲法訴訟法》的案件難免涉及政治議題，容易引發各種討論與批判。

評議機制的獨特性

不同於一般民事、刑事及行政訴訟判決，憲法訴訟的判決所採取的評議機制，原則上以現有大法官總數的三分之二出席，出席人數過半數同意，才可做出決議，且針對不同的憲法議題，所應通過的評議機制不同；甚至，對於沒有通過該法所定不同類型案件的評議機制，就可能出現「不受理」的程序判決，而不是一方敗訴的判決。

由人民提起的案件主要涉及法律或命令有無牴觸憲法的規定，憲法法庭通常會以下列法律原則，做為審查案件的機制：

法律保留原則：指涉及人民生命或身體自由等憲法基本權利的限制，必須以法律明定，不可以政府命令為之。

法律明確性原則：指法律規定的文字難免有不確定性或過於抽象，但涉及人民身體自由的處罰，必須明確且避免模稜兩可。

授權明確性原則：指涉及人民基本權利的法律規定，如果授權給行政機關以命令規範時，該法律的授權必須明確。

比例原則：針對《憲法》第二十三條規定：「以上各條列舉之自由權利，除為防止妨礙他人自由、避免緊急危難、維持社會秩序，或增進公共利益所必要者外，不得以法律限制之。」憲法法庭會權衡個人利益與公共利益，而以目的正當性、限制個人利益的部分是否有助於達成公共目的、有無其他相同有效方法且侵害個人利益較小的手段達成相同的目的、與所欲維護的公共利益的重要性是否合乎比例等等方式，審酌相關法律及政府命令。

審判實務上，大法官的歷練豐富且各有不同背景，他們大多具有法官、檢察官、律師或教授等資歷，並具有名望或專業，對於涉及憲法議題的各項爭議案件，或有既定的個人專業看法與意見，因此該法賦予參與評議的大法官有權表明其本身同意或不同意的立場，或是同意判決結果但理由不同的「協同意見」，並公布予大眾；同時，判決應標示主筆大法官的姓名。

此評議機制不同於一般民事、刑事及行政判決僅公布判決結果及理由，且未標示主筆判決的法官姓名，更不會公布參與評議判決的法官個人意見等實務做法。

判決結果的影響性

不同於一般民事、刑事及行政訴訟的判決只及於個案，《憲法訴訟法》明定大法官的判決結果有拘束政府各機關及人民的效力，且各機關有依判決結果實現判決內容的義務。

對於憲法法庭的裁判，不可以聲明不服，此與一般民事、刑事及行政訴訟的確定判決類似。但一般民事、刑事及行政訴訟個案的確定判決仍可依情況提出「再審」、「非常上訴」或其他方式加以推翻，而憲法法庭的判決一旦做出，就無法再改變。

對於憲法法庭所為判決或實體裁定，也不可以更行聲請，例如：法規範審查案件經司法院解釋或憲法法庭判決宣告不違憲或作成其他憲法判斷者，原則上，任何人都不可以就相同法規範或爭議聲請判決。

針對「法規範憲法審查及裁判憲法審查案件」及「統一解釋法律及命令的案件」，憲法法庭的判決效力及於其他以同一法規範或爭議聲請而未及併案審理的案件。

例如：二〇二〇年五月大法官做出釋字第七九一號，宣告《刑法》第二三九條通姦罪違憲，及《刑事訴訟法》第二三九條但書的規定也牴觸《憲法》。大法官認為上述法律規定不符合男女平權及比例原則等《憲法》保障意旨，日後對於婚姻外遇，將成為民事糾紛，不再涉及《刑法》處罰。當大法官作成此解釋文後，尚在各級法院審理或檢察署偵查的通姦刑事案件，都因此解釋文生效後，於各級法院審理的刑事案件應做出免訴判決，而偵查的刑事案件應依個案情節，做出理由不同的不起訴處分。

此外，憲法法庭判決宣告法規範違憲且應失效時，可區分為「立即失效」、「溯及失效」及「定期失效」等不同情形。換言之，大法官的判決宣告某法律規定違憲且溯及生效時，先前依該法律條文所作成的確定判決，可依法定程序請求救濟；如果大法官的判決宣告某法律規定違憲且立即生效時，原先依該法律條文所作成的確定判決，除法律另有規定外，該確定判決並不受影響，以維持法的安定性；至於「定期失效」則以大法官判決所宣示的日期為失效的時間點，時間到了之後該法律規定失去效力。

第三部

你可以協助法官審理你的案件

做好與法官溝通的準備

當事人期待的應該是一位理解糾紛事實，聽得懂糾紛故事的法官。而法官必須不斷從雙方的言詞中，釐清事實的原委及細節。

訴訟是將糾紛交由法官裁判，但法官審判的過程會受到各種資訊與人為操作的影響，尤其法律賦予法官自由心證的裁量權，就當事人提供的事實及證據做出判斷。當人們選擇提起訴訟時，固然最後結果是由法官判決，但當事人的態度與操作技巧，勢必會左右法官的心證。

就訴訟的積極面而言，當事人可以協助法官瞭解自己的案件。首先，以將心比心的立場，設想若你是承審法官，最想要釐清的爭點是什麼？什麼理由最能夠說服你？一般而言，當事人愈能夠提出與客觀生活經驗相符的事實及證據，便愈能夠得到法官的認同。

我曾經處理一位離職公務員被控侵害名譽的民事案件，對方爭執該公務員在公開場合發表的意見並不屬於執行公務。而法官似乎順著對方的說法質疑我方，我在與法官溝通的過程中，反問法官：「您認為公務員有何私人理由出席該會議？」法官聽完後微笑以對，沒有再繼續追問，但從她的表情及反應，我知道她已經接受我的說法。

在協助法官審理案件的過程中，當事人應該做好兩方面的準備：一是與審判的靈魂人物法官溝通；另一則是安排與鋪陳法官所欲審理的內容，也就是糾紛事實。

法庭溝通主要是當事人與法官之間的對話，訴訟雙方向法官陳明糾紛事實，展開攻防。在與法官對話的過程中，無法期待法官會明確表態贊同或反對，畢竟法官必須平等面對訴訟雙方。但透過觀察法官的態度，解讀法官的肢體語言或言外之意，往往可以增進對法官心證的理解與運用。

記得我剛開始執業律師時，曾陪同律師老闆前往法院開庭，在等候案件審理前，我總是要求老闆允許我觀察各法庭的開庭狀況，目的是希望能透過各式案件，多方瞭解法官開庭的習慣，以便歸納出法官開庭的共通模式。而根據經驗，我發現法官詢問當事人的問題，除了法律明定應訊問者，大多圍繞在對糾紛事實的理解。

隨著開庭經驗的累積，對於操作訴訟規則也駕輕就熟之後，我深深體會到，如果能夠掌握法官的個性，將有助於法庭上的溝通對話。

後來我有機會至美國哥倫比亞大學求學，期間我常利用閒暇之餘，至美國法院觀察法庭審判實務，比較不同地區的法庭運作模式。我看到即使因不同法律規定而使用不同的法律用語，然而當事人與法官之間的對話並無太大差異。只要展現誠意，從人性角度出發，建立與法官對話的技巧，就是訴訟的一大優勢。

與法官見面前的心理準備

你可曾想過法官是什麼樣的人？如果你不知道在你面前的陌生人是法官，你會以什麼樣的心態與他對話？一旦你知道對方是法官時，你是否會改變與他說話的態度？在展開訴訟之前，最好先思考要以什麼樣的心態面對法官。

在我的執業生涯中，首次開庭面對法官時，內心自然是無比緊張，這樣的緊張狀態直到開庭數百次後，才漸漸消除。但取而代之的，是另一種緊張，而此種緊張情緒通常從接受當事人委任到案件首次開庭後，才會平復下來；這可以說是一種戒慎恐懼的謹慎態度，也就是對於尚未交手的法官，必須採取戒慎恐懼的心態，預先做好與法官對話的準備。

換言之，面對審判案件且主導開庭的靈魂人物，你除了知道他具有法律背景，你瞭解他的個性嗎？你想過他會以什麼樣的角度看待案件？以什麼樣的方式展開對話？而你應該以什麼樣的方式回應他的問題？以什麼樣的態度與他建立溝通模式？諸如此類的細節，都可能影響訴訟發展的方向。

隨著與不同法官交手的經驗愈來愈多，我認為最好的應對方式，是將審理案件的法官視為三歲小孩。這並不是說法官無知或容易被誤導，法官絕對是法律專家，但他們對剛接手的案件全然無知，就案件事實而言，法官的確如小孩般需要被灌輸知識與教育，所以當事人應該思考，如何讓法官從零開始掌握案件內容。

如果你是為人父母者，必定瞭解教導孩子從茫然到理解，需要付出多少的心力與耐心。因此，在與法官對話前，當事人必須建立願意付出的心態，絕不能抱持法官應該什麼都知道的態度，將自己理應付出的努力轉嫁給手邊案件堆積如山的法官。法官對糾紛事實猶如一張白紙，需要當事人細心在這張紙上描繪。

因此，當我承辦委託人的案件時，首先我會做好耐心與法官溝通的心理準備，以此心態展開對當事人糾紛事實的理解，再以法律程序進行一系列的訴訟布局。儘管一般人未必熟悉訴訟程序，我依然建議要以相同的心態展開對糾紛事實及資料的準備工作。

對法官背景的掌握

現代社會資訊發達，許多當事人在案件首次開庭前，經常會透過網路或其他管道，查詢承辦法官的個人背景資料，此為知己知彼的展現，值得肯定。不過，要注意的是，法官的個人資料大都只呈現了學經歷背景，未必代表個人的辦案能力。

法官的審判工作必須立基於法律規定，但法官對糾紛事實的理解，則取決於他的社會經驗及常識。學歷背景是固定的，經驗常識則隨著閱歷而增加，如果能由兩者兼備的法官審理案件，或可免除許多困擾。相對的，這樣的法官具備銳利的辦案條件，若當事人沒有充分準備，恐怕難以招架法庭對話。

過去從事法官工作者，以男性居多，隨著社會經濟條件改變，女性法官已迎頭趕上，而男女往往具有不同的心理特質，在同樣的審理工作上，多少會展現不同的風格。一般而言，女性法官較男性法官細膩。

我在本書前言提到的那位用心的法官，就是一名女法官。我在開庭前未留意她的性別，直到開庭後才驚覺她的用心程度超乎我曾接觸過的任何法官，讓我刮目相看。她開庭時沒有華麗的詞藻，也沒有過多的肢體語言，但冷靜聽取雙方律師攻防的態度，讓我格外戒慎，更加激勵我要做好充分的準備。

遇到這樣用心的法官，的確是難得的開庭經驗，也是一種享受。她不但能夠督促律師與當事人更加用心，她的用心回應也是我用心準備的最大回報。從此我體會到，如果當事人用心展現與法官的對話，這樣的用心同樣會感染法官，而且這樣的用心等於是督促法官積極辦案的力量。

另有位法官於首次開庭時主動表明她曾擔任多年律師，且強調轉任法官後專門承辦勞動糾紛，之後批評我的書狀重複論述，似乎想傳達她不僅瞭解雙方律師的想法，且已掌握案件重點。面對如此自以為是的法官，我只好先禮後兵，配合她首次開庭的要求，改進書狀表達方式。

由於她表明出身律師背景，從我們的法庭對話中，我發現她並未掌握法官應有的權力及職分，於是在後續開庭中，我不斷以口頭及書面請求傳訊證人及調查證據，促使她踐行應有的法官審理義務，使她原本三次庭訊即結束審理的計畫，最終開庭七次，而當事人也滿意其判決結果。

近年來，律師或檢察官轉任法官的人數增多，法官選拔不再只從司法官考試與受訓的管道產生，不同背景的法官有不同審理案件的思維，若能掌握審理案件的法官背景，更有助於採取正確的溝通方式。

與法官首次見面的對話態度

以戒慎恐懼的態度處理案件資料，首次考驗準備成果的機會，就是法官首次開庭。從訴訟角度而言，法官將依據法律程序與規定展開與訴訟雙方的對話，法官享有對話的主動權。

當事人期待的應該是一位理解糾紛事實，聽得懂糾紛故事的法官。通常法庭對話一開始不會太精彩或太順利，因為法官確實需要不斷從雙方的言詞中，釐清糾紛事實的原委及細節。

根據我的經驗，我會要求自己在首次與某位法官見面交手時，透過一開始三十秒的對話過程，掌握法官的個性及辦案習性，從人性及法律專業的角度，做好內心的評估，以調整對話方式，達到最好的溝通效果。

從人性的角度而言

首先，我會觀察法官是外向或內向型的人。前者通常會主動主導對話內容，當事人必須做好聆聽的準備，以正確回應；後者通常不太主動表達看法，當事人必須採取主動的對話態度，從不同的敘事角度切入，期盼法官多問多言，才能準確掌握法官的想法。

在我執業律師的初期階段，不知是否適逢解嚴初期，法庭氣氛較為沉悶。也或許我當時年紀輕，尚未熟悉訴訟技巧，無心觀察法官的反應，總覺得大多數的法官都板著臉孔，不常發言，只是靜靜聽著雙方當事人的陳述。法庭對話主要在於雙方當事人之間。

近年來，法庭氣氛丕變，年輕一代的法官展現開庭活力，當事人與律師都可以透過法官的表達及反應或肢體語言，瞭解不同法官的特性，做為展開良性溝通的第一步。

一位當事人曾向我抱怨說，承辦法官在法庭上喜歡自我表達，不太讓他說話。我則安慰他說：「你應該感謝主，遇到願意說話的法官，因為從法官的表達過程，可以瞭解他的審理是否對你有利，並據以調整你的陳述內容。你應該善用法官外向的個性。」

畢竟，法庭溝通的老大是法官，當事人必須順著法官的意思走，根據法官想調查審理的方向，漸漸導入你的意見，以爭取法官的認同。因此我在開庭時，通常會隨時注意法官是否願意聽我的陳述，再以不同方式爭取法官的認同。

我曾處理一件醫療糾紛的案子，病人因醫生過度使用鐳射，造成臉部皮膚嚴重受傷。一審時，病人雖提出多份傷害證明，最終仍遭法官判決敗訴。當事人在二審進入尾聲時，才委任我協助。我瞭解案情後，馬上就要面臨最後的言詞辯論庭，不斷思索該如何爭取法庭的話語主導權。

沒想到，當我積極表達當事人的冤情時，坐在審判席上的審判長或因年事已高，竟然打起瞌睡。我無法直接指明，只好大聲反覆講述病人的痛苦及法律主張，以期喚醒法官的知覺。最終法官不耐煩地睜眼向我抱怨：「你為何重複陳述，不要浪費開庭時間！」

面對他突如其來的抱怨，我不假思索立即大聲反擊：「我的當事人遭到醫生不當治療的痛苦，一審法官都不採信，我當然得再三強調，為當事人伸冤！」我甚至不甘示弱地表示：「如果法官認為我的論述有違反法律或律師倫理規範，可以裁定禁止我代理！」

他聽完我的反擊，似乎動怒而漲紅了臉，但他沒有禁止我代理，於是我盡速結束我的陳述。從法官的抱怨中，我知道他雖然練就開庭打瞌睡的功力，但仍聽進我為當事人強調的上訴重點。法官最終改判我的當事人勝訴，醫生必須返還病人所有醫藥費，且須賠償精神損失數十萬元。

我以強勢手段回擊法官的抱怨，無非是想喚醒法官重視案件。法官或許被我的強勢回應給激怒，但他在撰寫判決書時，會更加慎重處理我方所提出的上訴理由，而在我確認他已清楚知道我方當事人的主張後，也立即結束與他的對話。

從法律專業的角度而言

除了從人性角度觀察，我還會從法律專業的角度，觀察首次見面的法官；主要的判斷準則，是以我為當事人提出的書狀為準。如果來不及在開庭前提出書狀，就會以對方提出的書狀觀察法官的認知角度。

法官首次開庭時，理論上應該已經讀過訴訟雙方的書狀，對案件的糾紛事實應該有初步的看法。因此，從法官首次問話的角度，就可以判斷他是否用心。用心的法官會在開庭前，閱讀過雙方提出的書狀或卷宗資料，做好開庭問訊的準備；而不用心的法官則可以從他們的問題中看出端倪。

一位用心的法官所提出的問題，通常涉及糾紛事實的細節，如果當事人沒有準備好回應的內容，法官同樣會認為當事人不在意或不用心，甚至懷疑是否有訴訟的意願，進而影響法官對案件的態度。我一再強調，「唯有用心的當事人，才有用心的法官」。

用心的法官會瞭解當事人的糾紛事實，而當事人必須耐心說明糾紛細節；相反的，面對不用心的法官，當事人應該重複提出陳述，協助法官理解糾紛細節，如果法官不用心看書狀，就採對話方式重複說明。

訴訟中，我除了會評估法官有無比我用心，在首次開庭時，我也會檢視自己對糾紛事實有利及不利點的掌握，是否超過對造及法官。這是我在首次開庭時最關注的項目，涉及對糾紛事實的分析與適用法律的掌握程度。

理論上，當事人對糾紛細節的分析應該比任何人都細膩，但根據我過去的經驗，常聽當事人表示：「張律師，你比我還瞭解我的案件。」無論是否聘請律師打官司，當事人都應該做好瞭解事實的功課，才能在與法官首次的對話中，探知法官對案件的掌握程度。

至於糾紛事實所適用的法律規定，如果你不具備專業背景，可以諮詢法律專業人士，或閱讀相關法律書籍，以增加對法律的認知，才能從首次與法官的對話中，瞭解法官的專業認知，調整自己的陳述角度，建立共同的對話基礎。

在一件民事損害賠償的訴訟中，原告是代表投資大眾的法人機構，而我代表其中一名被告，也就是公司董事之一。因董事長已遭刑事判決確定有罪，代表投資大眾的法人機構於是對其他董事提出民事損害賠償請求，被訴的董事多達十餘位。

我在代理出庭前，思考審理此案的法官所面臨的處境是：原告請求的金額龐大，且被告有十餘位。如果法官想判決原告勝訴，他必須說明十餘位被告提出的反駁內容都不可採，從寫判決書的角度而言，顯然是一項浩大工程。因此，不同於其他被告律師的實體答辯，我決定從原告的起訴程序一一反駁，以協助法官瞭解原告起訴是否合法。

當法官首次開庭時，我提出原告代表投資大眾的合法性，請求法官調查原告所代表的投資大眾人數，以及其是否取得合法代理資格，且質疑原告起訴的「訴之聲明」。當我結束說明後，法官不假思索立即請原告解釋。從法官的回應態度，他顯然被我點醒，必須先查明原告的起訴程序是否合法。

而看來原告沒有做好準備，就我提出的訴訟程序問題無法立即回應，而且在事後的幾次開庭，都無法充分說明我陸續提出的質疑；他甚至私下要求我能否先將問題告訴他，以便讓法官及早進入實體案件的審理。而我只能微笑地回應，他應該在起訴前，完備起訴的所有法律程序。

從法庭攻防中，我知道原告聘請的律師顯然沒有做好功課，我對案件的糾紛事實所適用的法律規定，顯然掌握的比原告聘請的律師好，最終我方得以以逸待勞地在接續的幾次開庭中，順利反擊原告，而對方不得已決定撤回對我當事人的請求。

一旦我在首次開庭一開始與法官對話的三十秒間，完成上述的心理考驗，接下來則會依結果擬定未來將採取的訴訟策略。換句話說，只要法官及對方的反應沒有超出我的準備與預期，我在事後的審理中，只需按部就班實施我先前擬好的布局策略。反之，如果法官或對方在首次開庭時的提問與準備超出我的預期，我就必須調整腳步，或與當事人更精確地分析糾紛事實，或進一步研究相關法律，以調整修改訴訟策略。

庭訊審理時的對話態度

結束首次開庭後，接下來將與法官展開多次對話，而當事人必須根據首次對話的經驗，思考是否調整接下來的對話態度與內容。

你無法準確預測法官在每次開庭時會詢問什麼問題，但對於法官提出的每一個問題，除了仔細聆聽，最好自問：他為什麼會問我這個問題？這個問題對我有利還是不利？我應該如何從法官的提問中，適時導入我想讓他瞭解的糾紛細節？

在回應法官的過程中，更須注意法官的反應，尤其是法官的雙眼，才能思考評估法官是否朝你有利的方向審理。孟子曰：「觀其眸子，人焉廋哉！」除非法官善於心機，否則他的雙眼必能告訴你他是否認同你的回答內容。

我曾經詢問擔任法官的學妹，為什麼她開庭時總是板著面孔。她表示，有法官前輩曾告誡她，如此的表情才不會讓當事人知道法官在想什麼，或者看輕法官。所以，在當事人與法官的對話過程中，當事人害怕法官不瞭解，而法官可能害怕被看穿或看輕！

許多當事人或律師總認為，絕對不能得罪法官，對法官合理或不合理的要求，必須逆來順受，採取唯唯諾諾的回應方式。但我認為，尊重法官開庭主導詢問案件，是必要的態度，但如果法官主導的過程或詢問的問題不合法或不合情理時，仍應以適當的方式，提醒或更正法官，才能維護訴訟的權益。

年輕時，我曾代理一件民事拆屋還地的案件，原告起訴請求被告返還土地。由於法官對此類案件常會要求到現場瞭解情況，我因此順著法官的意思，同意配合辦理，且繳納法官履勘現場的費用。我本以為法官看完現場，在下一庭就會結案，判決我方勝訴。

沒想到法官又陸續開了數次庭後，再度要求赴現場履勘。但我認為被告無權占有的客觀事實沒有改變，且被告也從未表達已搬遷，於是我表達拒絕之意。法官或許沒料到我的反應，乃高聲說：「履勘現場是我法官的權力。」而我也不甘示弱地回應：「的確，此乃法官的權力，但我的當事人須因此再支付履勘費用，未必對我的當事人公平。」

他見我不願再繳費讓他出遊，無奈地接受了我的意見，但強勢地說：「好，你不讓我再到現場，我就讓你多開幾次庭。」他果真實現他的諾言，讓我多跑了幾次法院與他對話，但我選擇回到「被告無權占用，應拆屋還地」的案件主軸，不再與法官對立，最終獲得勝訴。

法官在審理案件的過程中，難免會有情緒反應，也難免一時不察，而當事人只要堅持以合乎常情的正確態度維持溝通，相信法官最終還是會回到法律的標準下做出裁判。

書面對話的態度

訴訟過程中，當事人或因法官採取書面審理，或因法官要求提出書面內容，而必須以書面與法官對話。寫作書面陳述時，可以假設法官是一張白紙，你要在紙上完整陳述你的糾紛故事，告訴法官與案件有關的事實。畫面陳述要有系統，盡可能不要塗改，讓法官能一目了然。

回想執業律師之始，撰寫了首份書狀，提請資深律師修改，沒想到他竟表示：

「不知如何修改！」當時我倍受打擊，不禁懷疑自己的能力如此差勁嗎？為何資深律師不知如何修改我的書狀？直到我跟著恩師張迺良律師學習時，他因擔任法官工作多年，撰寫過無數判決書類，加上語文造詣深厚，無論我的書狀內容如何，他都能指點我修改的方向及內容；甚至，經他修改一、兩字後，就完全改變了我原先的意思，更加完整呈現了當事人的故事。

我驚訝之餘，搜集了他修改的所有書狀草稿，利用閒暇反覆背誦，甚至保留他修改的內容多年，以備不時之需。我不僅從張律師身上學得一套修改書狀的工夫，更體會到與法官書面對話的要點。

透過書面文字，法官沒有機會詢問當事人，如果他就書面內容無法瞭解案情，產生的疑問無法得到解答，判決結果自然不利。固然，透過書面對話可以免去與法官見面的緊張情緒，但反而需要多費心思，思考如何完整陳述意見，以免書面內容造成更多問題。

同時，表達的內容必須讓法官看得懂，避免使用艱澀難懂的文字，甚至是網路的火星文。書面內容不僅要充分表達你的問題，更要讓法官理解你的意思，否則表錯情與會錯意，對話就失敗了。

如果一時無法完整表達，可以提出多份書狀，但前後主張必須一致。因此，應保留所有提交給法官的書面內容，以便隨時審閱對照。不過也必須注意是否有提出書狀的期限，且最好提早完成，畢竟讓法官一氣呵成地看完多份書面內容，可減少遺忘與遺漏的風險。

總之，與法官對話沒有固定的準則，與法官溝通也未必盡如人意，唯有做好心理準備，以耐心、恆心在嘗試錯誤中前進，直到審判結束的那日。只要做好案件的充分準備，展現溝通的最大誠意，必然能獲得法官認真對待。

共通的操作技巧

訴訟的主要目的是說服裁判者相信你的糾紛故事，請求他站在你這一邊。就糾紛細節做好沙盤推演，可避免法官的負面心證。

民事、行政及刑事訴訟各有不同的目的及操作技巧；而就法官審判的角度，則有共通的操作技巧。除了用心與法官溝通，若能做到下列幾點建議，必能協助法官審理你的案件：

避免法官對你的案件產生負面看法

法官不是機器，無法操控；法官不是神，可能犯錯；法官是人，會受訊息與情感影響。法官的心證必然立基於「正常人的通常想法」之上，如果一般人對你的案件都會產生負面的看法，又怎能期待法官會正面看待你的案子。

因此，舉凡可能造成法官負面印象的事情，包括不佳的行為表現、用詞語調、態度等等，都應該加以避免。試想，如果你是法官，你會相信一位出爾反爾、不講信用的人嗎？如果你的主張前後不一、說法變來變去，即使提出了證據，你認為法官會相信嗎？如果站在你面前的債務人一身名牌打扮，你會相信這位債務人無法還錢嗎？

我經手過一件民事債務糾紛，對方請證人出庭，想證明發生在一年前的借貸細節。證人對借貸細節滔滔不絕，但對法官進一步詢問半年前的事，竟無法記憶，且無法解釋其中的矛盾。這種選擇性記憶的證詞，連一般人都覺得可疑，法官最終也未採信，判決我方勝訴。

倘若擔心身為訴訟當事者無法客觀地將心比心思考問題點，或許可以找值得信賴且理性的友人，或專業的律師，討論糾紛事實。先將事件全貌完整提出，請好友或律師針對每個「可能引發爭執」的事實加以討論，從各種說法中選擇較符合常情或經驗法則者，做為法庭說明的依據。

訴訟的主要目的是說服裁判者相信你的糾紛故事，請求他站在你這一邊，不論你是親自與法官溝通，或委請律師代勞，若未事前就糾紛細節做好沙盤推演，當法官調查並詢問案件細節，而當事人不知如何回應時，恐難避免法官的負面心證，影響判決結果。

請記住，此做法在法官結束審判前的任何時刻都應隨時注意，如果有任何操作足以引發法官產生負面看法之虞，應當立刻思考如何改變法官看法，絕不宜因循苟且，或抱持鴕鳥心態，必須錙銖必較地處理此細節。

建立主動出擊的訴訟態度

訴訟程序固然由法官主導，但法官對訴訟事實通常是從零開始，如果當事人不主動提出自己的糾紛故事，法官也難以協助或完整調查。所以採取主動出擊的訴訟態度非常重要。

所謂主動出擊表示應主動陳明你的糾紛故事，方式則如同拍攝電影，首先應技巧性地提出你的劇情，安排先後順序，鋪陳證據與主張，讓法官願意隨著你所陳述的事實，觀賞你的案件故事。

真實戰爭中，誰能掌握戰場的主動權，誰就占有優勢。訴訟戰場也是一樣，不論你是原告或被告，若能掌握陳述訴訟事實的優勢，就能引導法官進入你所導演的案件劇情。

許多律師不知如何操作此項技巧，常以法官主導開庭、不要得罪法官等理由，迴避當事人詢問訴訟的整體布局及計畫。他們不僅被動等待法官要求才提出書狀，甚至未安排訴訟事實的鋪陳順序，常常導致法官不理解當事人的訴求與問題，最終遭到敗訴。

事實上，掌握訴訟的主動權與尊重法官的主導權，是不同的兩件事。前者是主動引導法官相信我方所主張的訴訟事實，屬於訴訟的實體面；後者是遵守法官對審判程序的要求，屬於訴訟的程序面。

曾有位企業主遭檢方起訴販售海外金融商品，檢方提出多張該企業主簽名的海外金融產品文件，做為涉及犯罪的證據，而辯護律師也沒有主動解釋「他為何簽名其上」，究竟是有人偽造簽名？還是遭人欺矇而簽名？或是另有冤情？

法官明顯在等待當事人就此事實主動提出說明或請求調查有利的證據，以便引導法官調查，才能據以做出判決。沒想到辯護律師捨此不為，反就「海外金融商品非我國法律規範對象」一事大做文章，甚至要求檢方舉證該金融商品屬於我國法律規範的對象。

但無論檢方有無舉證，對於企業主為何簽名而販賣該商品，以及販賣該商品所產生的問題，當事人及辯護律師都沒有主動提出解釋，所以又怎麼能期待法官單純以該金融商品非為我國法律規範對象的理由，判決當事人無罪。

確保法官聽懂你的糾紛故事

許多輸掉官司的人常抱怨法官「只聽對方講，不聽我講」。或許這樣的抱怨有其道理，但也可能是他們從未考慮自己陳述的內容是否足以讓法官理解。事實上，**聽到**、**聽進去**及**聽懂**是不同的三件事。換言之，即使法官聽到你的陳述，不表示法官聽進去了，更不必然表示法官聽懂了。

我們最常犯的毛病就是一廂情願地表達，沒注意對方是否聽到或聽進去，甚至聽懂了。如果將此本位主義的表達方式帶進訴訟，不問法官是否理解你的糾紛故事，只會徒增訴訟風險。

在每次開庭時，最好系統性地安排事實陳述，還要包含過去的重點複習，以便恢復法官對重要細節的記憶。而如果言詞審理無法達到上述理想，可以利用書面陳述的方式，補充言詞陳述的不足。同樣的，書面陳述必須讓法官看到也看進去了，更必須看得懂。一份好的書面陳述不僅要能完整展現你的訴訟事實，也要讓法官想再重複咀嚼，甚至引用為書面判決理由的內容。果真如此，獲勝機會將大增，且無論是否上訴，所有經手的法官都能從書面陳述瞭解你的訴訟事實。

曾聽聞有家企業發現經理人違法，於是委託律師提出刑事追訴，但律師經驗不足，提出的書面告訴內容，洋洋灑灑羅列了對方「七大罪狀」，看似對方惡性重大，但仔細閱讀該七大罪狀，似乎是將一件犯罪事實切割成七項，不僅讓檢方難以瞭解該經理人的犯行，反而使得經理人容易見縫插針，提出不實的卸責藉口，造成檢察官遲遲不願起訴對方。雖然高檢署多次發回要求地檢署重新調查，但因告訴理由複雜難懂，多名經手的檢察官都不願起訴，反倒讓對方逍遙法外。

如果你無法知悉法官是否聽懂了你的糾紛故事，可以嘗試重複陳述，以測試法官的反應。通常如果一個人未聽懂你陳述的內容，當你重複陳述時，他恰好能有再次吸收的機會，應不至於打斷你的陳述；只有在對方已經瞭解時，而你又一再反覆述說，他才可能表現出不耐煩，甚或適時打斷你的話。因此，當事人與法官對話時，在說明訴訟故事的內容時，如果法官已經理解了，打斷或制止你再繼續說下去的可能性較高，此時當事人不應動怒，反而應竊喜才是。

糾紛故事的內容應符合常情

媒體曾報導某企業主被控違反《證券交易法》，律師為這名企業主提出的主要答辯內容，是「他在行為當時已無意識」，所以沒有犯罪的故意，且不知行為所生的後果。這名企業主的辯解理由顯然不符常情，因此在審理過程中，屢遭法官質疑並注意該名企業主的開庭反應。

或許這位當事人及律師有不得已的苦衷才出此下策，但「無意識」及「無犯罪故意」等涉及行為人的內心世界，倘若這名企業主真的無意識，必須說明為何恰好在行為當下無意識，或說明他從何時開始無意識。而他們提出的答辯似乎間接承認當事人的客觀行為確已違法，只是他當時因無意識而不知客觀行為違法，而這顯然是異於常理的理由。

此外，提出「無意識」的辯解理由，無異陷入舉證說明此例外情況確實存在的風險。如果法官要採信他的說法，必須能夠在判決中提出合理解釋，故而這名企業主最終遭判決有罪確定。

將訴訟事實建立在合理的常情之上，是利己也利法官的做法，因為在民事或行政訴訟中，「舉證責任所在，敗訴之所在」，符合常情的訴訟事實可降低應承擔的舉證責任；在刑事案件中，符合常情的案件劇情可以降低法官對被告先入為主的看法，且能增加攻防的辯論彈性。

許多人常無法確實回憶行為當時的真實動機或原因，但為了因應訴訟說詞，於是草率編織理由，而不是冷靜回想或查閱相關資料，以勾起過往的思緒與記憶。這樣的做法所做出的陳述，不僅與事實有差距，往往也會落入「不合情理」的陷阱。如果你對自己的行為動機百思不得其解，無法「回到事發當下」，必須審慎地以「通常人會怎麼反應」為基礎，想想自己當時會這麼做的可能原因，找出一個合理的常情解釋。

勿迴避閃躲訴訟弱點

所謂訴訟弱點就是不利於己的事實。一個案件必定因為雙方各有訴訟弱點，才必須交由法官裁判。當事人要查明自己的訴訟弱點，才能預防對方攻擊，避免因措手不及所引發的不利後果。

民事及行政訴訟要求訴訟雙方「對自己有利的事實應負舉證責任」，而對一方有利的事實，常是對另一方不利的事實，因應方式或可選擇「有意漠視」，或採取「迂迴回應」，甚至是「正面回應」等等，而無論採取何種方式，都應從法官審判的角度出發，好比說，對造雖已攻擊我方弱點，但可視法官的反應，決定應否就弱點加以說明解釋。

我曾協助企業處理離職員工追訴請求績效獎金的民事訴訟，並依照企業提供的資料展開訴訟攻防。沒想到該名員工提出獲頒工作表現優良的獎牌，證明他有資格領取績效獎金；如果企業無法說明頒發獎牌的實際原因，法官恐將因此認定對方的主張有理由。這個獎牌的主張無異就是企業的訴訟弱點。

我要求企業仔細查閱與該名員工之間的郵件往來，然後撰寫了一份多達數十頁的書狀並附上相關郵件，說明該名員工遭資遣的理由，同時解釋該獎牌不等於績效獎金。這種正面回應的方式，最終讓法官採納我方主張，判決企業勝訴。

根據過去的經驗，我發現「正面回應」或「迂迴回應」才是面對訴訟的積極態度，也才更有可能獲得勝訴；「有意漠視」的情形微乎其微，畢竟你的訴訟對手同樣想打贏官司，絕不會輕易放過你的訴訟弱點，而法官必須做出具有說服力的判決理由，焉能忽略訴訟雙方的主張，或草率處理糾紛事實的任何細節。

民事與行政訴訟的操作技巧

如果訴訟事實的全貌是隻大象，陳述的最好角度是從象頭、象尾或象身切入，好讓法官理解事實是隻大象，不是一頭牛，讓法官對於訴訟事實一目了然。

操作民事或行政訴訟的原則，就是盡力讓對方無法推翻你所主張的糾紛故事，讓法官相信你的糾紛事實及證據。然而，具體個案中常有**事實的灰色地帶**，也就是缺乏證據足以釐清雙方爭執的某個事實，形成各說各話的情況，連法官也不易查明。例如：訴訟雙方表示彼此曾有口頭約定，但無書面紀錄，而一方主張雙方約定的是租約，另一方主張是借用。

對於訴訟事實可能存在的灰色地帶，必須從對己有利的其他事實，間接說明灰色地帶的事實主張，甚至可採不利於對方的事實，間接推論對方的說法不正確。無論如何，法官有權調查想瞭解的糾紛事實，面對法官可能詢問的問題，回應的上策是給予正面解答，不閃躲問題，以建立誠信度；如果無法立即回應，可以「請法官容許我事後以書狀補充說明」一詞回覆。

除非法官已審理案件許久仍無法瞭解糾紛事實，否則對於以書狀補充陳述的請求，通常不會強人所難，執意要求立即回應。當然，無法及時解答法官心中疑問，恐將延長審理期限，但比起任意回應造成不必要的誤會，寧可採取保守態度為宜。

此外，因具體訴訟中的地位不同，有不同回應法官的操作方式：

如果你是原告

你是發動訴訟的人，法官在接手案件之後，必定得先瞭解你的起訴內容。所以，你理應從對自己最有利的事實角度切入，說明原委。舉例而言，如果訴訟事實的全貌是隻大象，陳述的最好角度是從象頭、象尾或象身切入，好讓法官理解事實是隻大象，不是一頭牛。

人們都希望攝影師能從最美的角度取景，而發動訴訟時同樣應該選擇最美的訴求角度呈現給法官，讓法官對於訴訟事實一目了然。以上述大象為例，當你清楚呈現大象的頭及象鼻時，即使未清楚描述大象的肚子，仍然可以從象頭的位置推論那不清楚的灰色地帶就是大象肚子。

如果你選擇陳述的角度無懈可擊，便足以防堵被告可能的反擊；相反的，如果你的起訴角度漏洞百出，被告必定會見縫插針，法官心證也會受影響。所以應該盡量簡化起訴事實及證據，降低被質疑的風險；萬一被告反擊，你應先評估攻擊的傷害程度，以法官審判的角度思考與評估後，再決定回擊的火力及重點。

換句話說，法官除了理解你的起訴內容，也必須瞭解被告如何回應，而如果被告的回應足以使法官質疑你的事實，你就必須用心提出支持核心事實的更多論點，還必須思考攻擊對方的論點。請切記，你是發動訴訟戰爭的人，理當堅守一開始的訴求重點，也就是訴訟的核心主軸，不可因被告的拉扯，失去既定主軸，或落入對方陷阱，甚至造成法官也被誤導了。

實務上常見許多原告不僅沒有細心規畫起訴主軸，甚且隨著被告的反擊內容起舞，落入被告混淆視聽的說法，因此失去訴訟焦點，而法官手中的卷宗快速累積，最終整起訴訟事實除了原告起訴爭執的事實外，還包括其他與爭執事實無關的各種內容。

萬一你已不幸將訴訟的主控權交給了被告，或你已遭被告影響，平添了不必要的爭點，甚至失去法官的信賴或耐心，最好先冷靜檢視雙方往來的書狀內容，在既有的事實基礎上，重新限縮事實及布局陳述角度。或許已無法爭取原先起訴所欲達成的所有目的，卻也能退而求部分勝訴，同時就可能敗訴的部分先預想上訴可能面對的問題。

總之，你是原告，理應抱持速戰速決的堅定信念，抓住核心主軸，絕不能輕易失守核心戰場，最佳目標就是讓法官在審理一、兩庭之後，就可結束審理並做出有利於你的勝訴判決。

如果你是被告

你是被迫走入訴訟戰場，雖然對方先下手為強，畫好訴訟事實角度，但相對來說，對方既已曝露手法，反倒讓你可據以評估行動的光譜，從多種可能的角度，選擇最適當的反擊方式。而法官也必須瞭解你對原告起訴內容的反應。

身為被告，可以選擇正面迎擊原告的訴訟事實，也可選擇擴大訴訟事實，讓原告疲於滅火，同時分散法官的焦點，不再聚焦於原告的起訴內容。當然，你提出的訴訟事實應與原告主張的訴訟事實有關，以免遭法官質疑故意拖延訴訟。

相較於原告必須堅守起訴的事實角度，被告可以靈活選擇反擊手法，不論單純防守或反守為攻，端視有無足夠的證據子彈，反擊原告的起訴事實，或挑戰原告提出的證據。如果你握有「摧毀原告的致命證據」，還可視情況決定亮底牌的時刻，一旦法官查證屬實，必判決原告敗訴。

一般而言，發動戰爭的原告都想要速戰速決，而被告則較無時間壓力，可以利用多次開庭的機會，以時間換取空間，先確認法官的態度，再決定是否或何時提出重要的證據。

從法律邏輯而言，法官若要判決原告勝訴，必須是原告所有主張都獲得法官的支持；而從被告的角度來看，只要任一主張足以讓法官質疑原告的請求，原告的請求就有瑕疵，法官自然不能支持原告的請求。所以，你的目標就是協助法官質疑或駁回原告請求的任何理由。

換句話說，你只要提出足以摧毀原告描繪的訴訟事實中的任何一個情節，讓法官質疑原告的主張，進而駁回原告請求，就等於獲得勝訴。

建議可採取「雞蛋裡挑骨頭」及「散彈打鳥」的方法，盡可能多方找出原告前後主張矛盾的事實，打擊原告的可信度，一旦法官質疑起原告的訴訟事實，將訴訟由原告與被告之間的對立，技巧變成法官與原告之間的對立，只要法官採信你所提出的眾多質疑中的一項，就可以摧毀原告想堅守的起訴主軸，你的勝訴機率必然大增。

此外，許多被告常衝動地想讓原告也嚐嚐被告的滋味，乃在同一訴訟中提出所謂的「反訴」。此做法未必明智，畢竟反訴將使法官陷入二擇一的兩難局面，徒增不必要的困擾。

如果你是上訴人

顯然你的一審主張不被一審法官採信，所以你的敵人不再只有原先的對造，還有一審法官的判決。二審法官在收到上訴案件時，未必會先看你的上訴理由，而是先瞭解一審判決的內容。

因此，你無法如同原告一樣，可以自由選擇對自己最有利的訴訟角度。你必須先設身處地思考當二審法官看完一審判決的內容，會有什麼樣的反應。而一審原告起訴的糾紛事實，可能因為一審判決而從「大象」變為「犀牛」，所以上訴理由不僅要反擊一審判決的內容，更須重新導引二審法官看清訴訟事實。

因此，攻擊火力著重「犀牛」與「大象」的差異，藉由批評一審判決的內容，破除二審法官對一審判決的觀點。你必須檢討一審判決為何不採信你的說法，再找出打擊一審判決錯誤的理由。

通常上訴人可以採取聲請調查證據的方式，或直接提出上訴理由及批判一審判決，由此展開與二審法官的對話，從中探知法官對一審判決的看法，再順著法官的理解角度，陸續提出上訴理由，引導二審法官進行審判。

上訴人必須熟讀一審判決內容，找出判決錯誤之處，擬定二審的作戰策略，才能正確回應二審法官。一位朋友不幸一審敗訴，我細讀一審的判決理由後，發現原來一審法官將他爭執的部分事實直接列為「雙方不爭執事項」，使得對方無須舉證，而法官便直接採信對方主張的內容。朋友雖然提出上訴，但他沒有發現上述問題。當二審法官在首次開庭時，引用一審判決所載的「雙方不爭執事項」，朋友竟表達同意。事實上，如果他詳讀一審判決理由，必能發現判決的錯誤，引以做為二審上訴的重要理由之一；如果他在二審開庭前做好準備，必可正確回應二審法官直接引用不爭執事項。結果他因同意而喪失原本握有的重要上訴理由，徒增二審上訴的難度。

此外，你既是上訴二審的發動者，在法官沒有完成調查上訴重點前，當然不可任由法官結束調查，更不可失去上訴主軸。攻擊火力應專注在一審判決，還要觀察二審法官的反應。

而如果你是行政訴訟的原告，你的敵人除了訴訟對造，更有訴願決定。如同民事二審上訴手段，你必須攻擊訴願決定的錯誤，引導行政法官接受你的上訴理由。

最後，萬一你不幸得上訴三審，由於法律明定須有「二審判決違背法令」的理由，才能委任律師提出三審上訴。而判決違背法令主要包括：沒有說明判決理由、判決理由矛盾、判決沒有適用法規或所適用的法規有誤等等，你在陳述上訴理由時，必須攻擊二審判決有違背法令之處。三審法官通常會先閱讀二審判決內容，再看你的上訴理由有無遵守法律規定，提出二審判決違背法令的理由。

如果你是被上訴人

不同於上訴人，你有一審判決支持你的論點，雖是被迫繼續進入二審的訴訟戰場，但因二審法官可從一審判決知悉你已獲得一審法官的認同，你或因吃了一審勝訴的定心丸，可以泰然接受對方的上訴挑戰，所以你的回應原則可以「對方的上訴理由有無動搖一審判決（或訴願決定）」為標準。

從法律邏輯而言，二審法官想推翻一審判決的理由，應該是發現新的事實及證據，足以改變一審判決認定的訴訟事實，而該訴訟事實是你勝訴的基礎。所以，如果二審法官依上訴人的請求調查證據，你可建立多層防守策略，先阻止二審法官順從對方的請求。

倘若二審法官仍因此調查證據，也無須過度緊張，等調查結果出爐後，再依結果判斷是否有足以動搖一審判決認定的事實基礎。如果尚未改變，不用過度擔心；反之，就努力打擊新事實及新證據，且注意觀察二審法官的態度，適時調整防禦手法，說服法官無須改變一審判決。

曾聽聞某企業好不容易贏得一審訴訟，對方上訴二審後，他們委託的律師竟同意對方提出「停止訴訟程序」的要求。顯然，對方一時無法發現新事實或證據，想拖延時間。果真，對方嗣後取得有利的新證據，於是恢復上訴程序，而二審法官因此改變一審判決認定的事實基礎，該企業最終遭到敗訴。事實上，企業的律師不僅不該配合上訴人的請求，反而應積極說服二審法官盡速駁回對方的上訴。

一般來說，二審改變一審判決的機會不低，你雖取得一審勝訴，仍須謹慎看待對方的上訴，但只要對方的攻擊尚未傷及一審的主張，不宜任意改變一審的策略，只須強調一審判決的正確理由。

如果你是三審上訴的被上訴人，因三審上訴須以二審判決有違背法令為前提，而三審法官不能改變二審判決認定的訴訟事實，所以你仍享有二審判決認定對你有利的事實的優勢，只要繼續支持二審法官的見解即可。

曾經有位企業主取得侵權案件一審的勝訴判決，面對對方二審上訴本應乘勝追擊，維持戰果。上訴人提出上訴後，請求停止訴訟，以便等待另一相關聯的案件判決，再繼續審理此案件，而法官詢問企業委任律師的意見時，他竟然同意上訴人的請求，雙方合意停止訴訟。最終，待另一案件判決後，法官改變一審的判決，認定企業應賠償對方高額損失。

事實上，律師不應同意對方的請求，且對於法官詢問是否同意停止訴訟，應表示不同意。法官如果想採納上訴人的請求，須依法做出「裁定停止」，而非訴訟雙方「合意停止」；實務上，法官通常不會以裁定停止的方式停止案件審理，因為必須面對被上訴人可能的抗告。

該案中，或許是律師不願得罪法官，誤以為不同意合意停止等於與法官作對。然而，他未考慮到另一案可能敗訴的風險，並可能危及本案一審勝訴判決的基礎。同意停止訴訟顯然不是出於對當事人最大利益的考量。

刑事訴訟的操作技巧

利用準備庭期間，充分與法官對話。對檢察官起訴的犯罪事實做細部分析，並從法官的回應中瞭解他對案件的看法。

刑事訴訟主要是國家與被告之間的戰役，從檢察官發動偵查到法官審判，被告遭到一連串的追訴動作，雖然法律要求應以「無罪推定」的原則對待被告，但法官真的會遵守此原則嗎？為免遭誤判的風險，被告從遭檢方調查之始，最好就建立起協助檢方查明真相的心態。因刑事訴訟中有被追訴的犯罪嫌疑人與被告，也有追訴他人的告訴人與自訴人，以下分別提供建議。

如果你是被追訴的人

無論你是遭檢察官主動偵查或遭人檢舉追訴，一旦接到檢察官的傳訊通知，你已成為刑事訴訟的被追訴人，將經歷一段訴訟人生，為自己的權益奮戰。不同於民事或行政訴訟的處理方式，你是遭刑事追訴的人，無論你是否委任律師辯護，都須親自面對檢方調查或法官審理，因此，面對檢察官或法官的訊問，都不能採「嗣後以書狀說明」的方式回應，因為檢察官或法官的訊問主要圍繞在有無犯罪行為或事實，而當事人最清楚有無參與犯罪行為，自然必須在訊問的當下給予適當的回應。

如果你未參與任何與犯罪有關的行為或事實，答案必然是沒有，此回應將阻止檢察官或法官進一步的提問。但如果他們手中握有你參與的相關資料時，你如何回答接下來提示文件所訊問的問題，恐將影響檢察官或法官對你的看法。所以，對於沒有把握的事實陳述，原則上寧可選擇以「不記得」回應，給自己留下轉圜空間。

偵查中的犯罪嫌疑人

檢察官通常會先調查可能的犯罪事實後，才傳訊犯罪嫌疑人，所以在收到檢察官的通知單前，當事人無法知悉是否遭到調查。一旦檢察官通知你到場，通知單上一般會載明「涉嫌的犯罪形態」，如：傷害罪、詐欺罪、違反《證券交易法》等等，你可以先透過網路或六法全書，查閱該犯罪形態的規定，檢討過去行為有無可能涉及該犯罪所定的構成要件行為，推知檢察官調查的可能內容。

檢方的偵查不公開，除非親自到場應訊，否則當事人不會知道檢方如何調查；即使遭傳訊到庭，檢方也不會告知調查的細節，只會就他想瞭解的部分要求回應。所以，無論是否掌握檢方調查的案件全貌，面對檢察官的訊問時，要仔細聆聽且正確回應每一個問題，以免雞同鴨講，產生更大誤會。態度懇切，有問必答，才不會被誤以為有湮滅證據或串證之虞，遭檢方向法院聲請羈押。

事實上，檢察官的職責是代表國家調查犯罪，通常不會故意找麻煩，你的心態應是盡可能配合檢察官的調查，協助他澄清對你的誤會。保持良好溝通，直到做出不起訴處分或緩起訴為止。

面對檢察官的訊問，可考慮聘請律師陪同出庭，以減輕獨自面對訊問的壓力，且律師能協助記錄檢方的問題及你的回答。一旦接受訊問後，瞭解檢方調查的具體內容，可以斟酌提出書面答辯，搭配證據澄清事情原委。不過，書面內容宜保守，以免自曝其短，曝露了檢方未查得的其他事實，徒增不必要的困擾。

回應檢察官調查的書面內容無一定格式，主要是清楚表明沒有犯罪故意或沒有犯罪行為的具體理由，若有不在場證明乃是最佳利器。或有人說檢方調查早有定見，未必會閱讀你的書面答辯，此說法未必正確，你固然無法干涉檢察官的辦案方式，但你的書面答辯能協助他還原真相。

換句話說，如果你遇到一名細心辦案的檢察官，當他想查明事實真相時，你的書面答辯就能協助他澄清事實，而你獲得不起訴處分的機會自然大增；反之，倘若不幸遇到偷懶的檢察官，你的書面答辯將成為你未來在法官審理時的有利證據，你可以強調檢察官未依你的書面答辯內容調查，起訴顯然錯誤，且你的答辯從調查開始始終如一。

對於檢調人員的訊問，冷靜回答後，要堅持立場，不要遭檢調人員言詞恐嚇或誤導而改變供詞。就檢調人員記載的口供筆錄，一定要細讀後再簽名，若有錯誤，須請求更正後才簽名，以免造成未來不必要的麻煩。

我曾陪同一名遭同業競爭者檢舉的企業主接受檢察官的訊問，這位企業主先前曾因對方惡意檢舉，公司遭到搜索且遭調查人員帶回偵訊。但這名企業主總是以笑臉面對問題，雖然年事已高，仍耐心向調查人員解釋案情。面對調查人員訊問相關案情，他一貫冷靜面對，讓我印象深刻。

尤其，當他解釋案情並指明公司相關部門負責主管後，調查人員立即要求該名主管到場配合調查。我當時曾擔心該主管的供詞與企業主不一致，恐將造成不必要的誤會，沒想到兩人所陳述的內容相符，使調查人員無法採取進一步行動。此乃我辦案多年以來少見的成功案例，但也證明了充分準備即可從容面對檢調訊問。

這名企業主在調查人員訊問請回後，更以積極的態度處理調查人員訊問的問題，且要求相關人員研究國外文獻，並請我撰寫書狀澄清。最終，他再次面對檢察官訊問時，仍保持一貫態度，而檢察官也給予正面回應。在查無任何犯罪情節下，在最後的偵查庭中，檢方表明企業主沒有犯罪嫌疑，但請企業主未來須更加謹慎經營與食品安全有關的業務。

審判中的被告

法庭審理是公開的程序，除適用《國民法官法》的案件被告，其他案件的被告可以聲請閱卷影印檢方偵查的所有卷宗，瞭解檢方當初的偵查過程，檢討偵查期間的答辯策略，修正及補強答辯內容，以面對即將來臨的一審審判。

一審法官必須以檢察官的起訴書為基礎進行審理，針對適用《刑事訴訟法》審理的案件，法官可以隨時翻閱所有的偵查卷宗，所以在面對法官審理前，應先瞭解法官從卷宗內容可能會產生什麼樣的看法，畢竟法官就是從偵查卷宗開始理解案情。至於適用《國民法官法》的案件，法官與你一樣，在檢方開示卷宗及證物前，只能閱讀起訴書，所以你必須根據起訴書的記載，仔細回顧起訴書提及的「人、事、時、地、物」等各項事實，思考能否打擊起訴書所載的犯罪事實，評估檢察官於偵查中究竟取得哪些證據。

——開庭前的準備

詳閱檢方的起訴書，主要目的在於：一、瞭解檢方調查過程的始末，瞭解你與檢方之間的認知差距；二、瞭解法官在未開庭聆聽你的答辯前，就起訴書或檢方卷宗內容，可能對你產生的看法；三、檢討改進過去於偵查中的答辯手法，找尋解套途徑，並擬定未來面對法官審判的因應策略。

起訴內容通常含「犯罪事實」及「證據清單」兩部分，而證據清單則有證人證詞及書面證據。你可以先比對分析犯罪事實究竟有無證據支持，以及究竟是人證還是物證。

其次，比對偵查中的辯解內容與起訴書，檢討偵查期間無法得悉的犯罪事實，搭配起訴書引用的證據，思考未來在法官審理時，應如何澄清事實，以協助法官瞭解真相，因為法官未必會詳閱你在偵查中的答辯內容，主要還是以你在審理時所提出的理由為審判依據。

此外，一旦取得檢方的偵查卷宗，或是已開示的相關證據，務必詳閱這些資料，思考檢方所提的證據資料是否可以證明你犯罪，而你對該證據資料的取得及內容有無可爭執之處，或要求法官進一步調查其他證據。唯有成功打擊起訴書引用的所有證據，說服法官不採信檢方的證據，才有機會獲得無罪判決。

——準備庭的因應

除了請求法官調查證據，最好嘗試斟酌提出「書面答辯」，以便瞭解自己能否全盤掌握及因應未來法庭的審理，並讓法官瞭解你對起訴書的反駁內容。許多律師在此期間，僅為當事人請求調查證據，而未擬定整體答辯策略。試想，若你不知打仗的整體策略，如何擬定調查證據的方向，尤其就證人詰問一節，應傳訊哪些證人？應詰問什麼內容？事實上，如果律師無法在此期間提出答辯內容，表示他無法為案件做好整體規畫，當事人應與律師緊密討論，或考慮更換律師。

適用《國民法官法》的案件只能將起訴書移送給法官，在檢方開示卷宗及證據前，法官與你皆無法取得檢方的偵查資料。因此，在準備庭期間，有檢方開示卷宗及證據的程序，而在此程序前後，務必仔細研讀起訴書，一旦檢方開示卷宗及證據時，你才能及時提出反擊檢方起訴書及其證據的說詞，甚至請求法官調查其他有利於你的證據；如果沒有及時在此程序提出，該法明定除法律另有規定的情形，嗣後無法再聲請調查新證據。

就請求調查證據而言，可分為調查物證及詰問證人兩項。前者主要是調查書面證據；後者主要是傳訊證人。此部分涉及具體個案內容，無法一概而論。請求法官調查書面證據的主要理由有二：一是檢方引用的證據有瑕疵，請求法官再調查；一是檢方未查明對你有利的證據。

至於證人詰問，實務上法官通常會給予訴訟雙方充分的詰問時間，但證人必須面對法官、公訴檢察官及辯護律師等三方提出的問題，心理壓力不小，能否成為有利於你的證人，實有風險。另一方面，在決定是否傳訊特定證人時，最好思考如果你是法官，在不知道被告的案件故事下，僅閱讀檢方的起訴內容，會因為證人的證詞而改變對被告的看法嗎？假如你是法官，你會訊問證人何種問題？若證人因恐懼導致臨場表現失常，你還會相信證人的證詞嗎？

總之，證人是最難掌控的證據方法，但也是法官最喜歡調查的對象。如果你沒有想清楚而傳訊可能臨場表現不好的證人，很容易引發法官原先沒有想到且對你不利的問題。所以，最好先從書面證據或其他物證下手，仔細審閱卷宗及找尋其他可運用的直接證據及間接證據，突破起訴書的犯罪事實，無須急忙操作詰問證人。倘若窮盡所有努力後，仍無法找到突破起訴書的犯罪事實，再考慮詰問證人。

我曾參與協助一位企業主遭檢方起訴涉犯《證券交易法》的案件，或許他的行為確已涉及犯罪，所以原先委任的辯護律師無法找出有利的整體辯論方向，乃將辯護主軸聚焦在質疑檢方引用的國外文件沒有經過我國駐外單位認證等程序問題，對於這名企業主有無檢方起訴書所提到的犯罪行為，僅以隻字片語帶過。法官給予這名企業主近兩年的準備庭時間，但他的辯護律師都沒有主動積極回應，法官最終直接進入審判庭，且依他的要求傳訊十多位證人。

由於被告沒有提出完整的答辯內容，法官只能依起訴書所述的情節訊問證人，即使法官同情他的遭遇，都無法為他找到充分的脫罪理由，最終遭到不利判決。

總之，刑事被告面臨有罪判刑的壓力，而準備庭法官通常是撰寫案件判決的法官，最好利用準備庭期間，充分與法官對話，除把握上述與法官對話的原則，尤須對檢察官起訴的犯罪事實做細部分析，以雞蛋裡挑骨頭的態度，找出起訴書的瑕疵，並從法官的回應中瞭解他對案件的看法，在沒有達到你的期望前，盡可能不要結束準備庭的對話。

——審判庭的因應

在進入審判庭前，主審法官必會先閱覽檢方起訴書及訴訟雙方在準備庭提出的主張，所以法官在履行必要程序後，主要的審理內容就是詰問證人，此涉及法律專業操作及臨場反應，尤其詰問證人的問題必須以先前回答的內容為準，最好與專業律師討論過，模擬證人可能回答的內容，是否會讓法官產生不好的印象，更應考量法官可能訊問證人的問題，以及證人可能的回應。

在審理期間，注意法官是否依你的請求調查相關書證，且利用訴訟雙方詰問證人的機會，就有利書證的內容詰問相關證人。藉由多次詰問證人的機會，可以讓法官記住對你有利的書證。畢竟，法官想改變檢察官起訴的內容，不能僅靠單一證據，你必須不斷提示法官對你有利的書證。

如果你在結束審判庭前，無法從法官的態度推測他對案件的看法，則僅剩下最後的辯論庭。此時由公訴檢察官及被告和辯護律師做最後的言詞攻防，法官履行《刑事訴訟法》所定的程序，但他的看法可能不會因最後的辯論而改變，甚至他在結束審理庭期間已開始草擬判決內容。因此，被告最好在辯論庭前，盡早提出書面答辯，協助法官做出對你有利的判決。

在法官結束辯論庭之前，他會詢問被告有無最後陳述，這是你面對言詞審理的最後機會，被告可以準備一份從法、理、情出發，言簡意賅、文情並茂的內容，為自己做最後的結辯，但對改變法官的看法影響應不大。

上訴程序中的被告

刑事二審屬覆審制，其程序與一審程序大致相同，但二審法官應會先閱讀一審判決，再瞭解起訴書內容，對於偵查卷宗及一審卷宗則未必全然閱讀。被告雖可重複操作一審的技巧，仍應依一審判決的不同結果，採取相應的手法。

如果一審判決你有罪，你是二審的上訴人，表示一審答辯未獲法官接受，你必須調整二審答辯的方向及內容，你的訴訟主軸除了起訴內容外，更應攻擊一審判決錯誤的地方，且依具體情況請求二審法官調查你在一審未調查的證據，包括你曾請求調查但一審未調查的證據，以及因一審判決引用其他不利你的證據，你有必要進一步請求調查。針對後者，你必須有套說詞，以消除二審法官質疑你「為何先前的一審不請求調查」。尤其針對適用《國民法官法》的案件，二審雖回歸由專業法官審理，但該法明定除法律所定例外情形，原則上不得聲請調查新證據。

二審法官握有對你不利的起訴書及一審判決，你最好將心比心地思考，如果你是二審法官，會如何看待自己的處境？對於判決引用做為對你不利的證據，你要如何反擊？仔細回想有無未曾想到的事實或證據，能夠改變起訴書及一審判決的認定基礎，並須說服二審法官進一步調查。

同時應考慮二審法官如果想改變一審的有罪判決，他必須如何修改一審認定的犯罪事實？你的書面答辯內容應清楚呈現無罪的事實。一旦你能在二審法官的審理過程中改變他的看法，你的書面答辯內容就成為他改判的基礎。書面答辯最好內容條理清晰、一目了然，讓法官容易進行書面審理。

許多律師固然努力地為當事人撰寫多份書面答辯，但內容艱澀，不易理解重點，更無法直接引用做為無罪判決的基礎，尤其面對複雜的《證券交易法》案件或犯罪事實複雜的案件，二審法官雖然認為可能有冤情，但因不知如何改變有罪判決的一審理由，恐將促使他選擇維持一審判決。

而如果你是遭檢察官上訴二審，表示一審獲判無罪。既然你的一審答辯策略獲得一審法官肯定，已經改變檢方對你不利的起訴事實，僅須注意二審法官的看法有無因檢方的上訴理由而改變一審認定的事實基礎。

三審法官採取書面審理，以二審判決為審理對象，其他一審判決或起訴書僅為參考，所以如果你是三審上訴人，無論一審判決是否對你有利，都無法改變二審法官判決你有罪的事實，必須重提三審上訴理由狀，打擊二審判決違背法令之處。相反的，如果你獲得二審判決無罪，檢方為三審上訴人，你已有二審無罪判決的背書，可以二審判決理由提出三審書面答辯。

如果你是追訴者

刑事訴訟制度的設計目的，主要是國家對犯罪者的處罰，雖然允許部分的犯罪被害者有權提出刑事追訴，但檢察官及法官在處理刑事被害人提出的追訴時，多少都會擔心自己淪為當事人以刑事手段打擊對方的工具。

國家處罰刑事被告的犯罪行為，必須以法律明定的犯罪類型為限，相關規定主要在《刑法》及其他特別刑法，如：《貪污治罪條例》、《洗錢防制法》等等。各條文所定要件就是「犯罪構成要件」，唯有符合法律所定的犯罪要件，才能認定為犯罪。

當你決定提出刑事追訴時，首先必須掌握對方有無構成上述法律所定的犯罪行為，才能解除檢察官或法官可能存在的疑慮。因此，你所提出追訴對方的犯罪事實，必須緊扣著法律規定的犯罪構成要件，不能模稜兩可。

其次，對檢察官提出的告訴，只要證明對方有上述法律所定犯罪行為的嫌疑，說服檢察官動用公權力展開進一步調查即可；但如果是對法官直接提起自訴，必須證明對方有上述法律所定的犯罪行為，而不是僅證明有犯罪嫌疑，因此對法官起訴所負的舉證責任，較對檢察官告訴的情形重。

向檢察官提告的告訴人

依照法律規定，檢察官一旦認為有犯罪嫌疑，便可動用公權力調查；但就當事人提出的告訴案件，檢察官通常會坐在偵查庭內，要求當事人到場說明，或要求提出進一步的證據資料。他們對此類案件很少會主動出擊辦案。

過去我協助追訴「醫生殺妻案」時，就面臨此困擾。當時告訴人面臨檢察官不起訴前夫的窘境，無奈地尋求我的協助。面對僅以書面審理的高檢署再議程序，我不得不以激將法，提醒高檢署將案件發回重新調查。

我在書狀中明顯標示以下文字：「按倘實務上認定相姦或通姦行為須以捉姦在床為要，則若被告XX之下體有告訴人前夫之精液反應，即是說明被告等二人有通姦行為。原偵查機關明知再議人業已身患重病，仍執意要求再議人須『捉姦在床』，無異強人所難，則國家設立偵查機關之目的，即蕩然無存，而所有職司偵查之檢察機關又有何存在之必要。倘所有犯罪均要求告訴人應提出確切證據，則告訴人又何須向偵查機關提出告訴，而法律又何須設立偵查機關。」

告訴人對我上述尖銳語氣有所疑慮，但我勸她說：「以妳現在的身體狀況，還有什麼考慮呢？妳不就是要求我必須反敗為勝嗎？而且，我提出來的上述論點，並沒有違反刑事訴訟制度。」她最終接受了我的建議。

當時通姦罪尚未經立法院修正刪除，我還可以之做為該案件的操作手段，而我的真正用意並不是要指責地檢署或特定檢察官，只是在給高檢署製造道德壓力，爭取案件發回重新調查的機會。就在我提出書狀的十五天後，即收到高檢署將案件發回地檢署重新調查的通知。

無論如何，如果你對犯罪嫌疑人提出刑事指控，不僅須就法律所定的犯罪要件提出具體的犯罪事實，更須就犯罪事實盡可能提出足以證明犯罪的證據。倘若不知如何認定對方有無犯罪，可請教專業律師協助提出追訴，除了避免檢察官任意做出不起訴處分，也可減少遭對方質疑為「誣告」的風險。

一名企業友人追訴經理人背信罪責，他聘請的律師雖列出數個犯罪事實，但每個犯罪事實都涉及不同的犯罪類型，如背信、偽造文書、詐欺等罪。他的律師沒有說明這些罪責所涉及的犯罪事實之間有何關係，使檢察官質疑告訴內容，最終檢察官以查無實據，不起訴該經理人。

事實上，企業追訴的主要是背信罪責，至於該經理人的個別行為有無另外成立偽造文書、詐欺等罪責，可請求檢察官調查犯罪事實後，再由檢察官認定。企業只要將重心著重在背信罪的犯罪類型，並陳明犯罪事實即可，律師過分細膩區分犯罪事實，反如畫蛇添足，遭檢察官質疑。

書面告訴內容最好分段表明「具體犯罪事實」與「證據及所犯罪責」兩部分。如果檢察官事後調查對方的犯罪事實明確，就可直接引用你的告訴內容，你等於協助檢察官進行偵查，利己又利檢察官。

檢察官根據你的告訴狀內容，可能傳訊你到庭進一步說明，或同時傳訊你及犯罪嫌疑人一同到庭接受訊問，或僅通知犯罪嫌疑人到場。因此，你無法瞭解檢方的辦案進度，甚至不知犯罪嫌疑人的辯解內容。所以最好每隔一段期間，陸續提出證據或請求調查證據，以督促檢察官調查，防止檢方做出不利於你的裁決。

當檢察官要求到場時，你必須謹慎說明提告的內容，注意檢方的反應。我曾代表一家上市公司對另一家上市企業負責人提出刑事告訴，我代表當事人出庭瞭解檢察官的調查時，經常將「報告檢察官、謝謝檢察官」等語掛在嘴上。尤其，在發現檢察官調查的資料對我方有利時，更不敢催促檢察官積極處理，反而是更有禮地回應檢察官，且在最後都會補上一句：「報告檢察官，還是由您來決定，原則上我們都接受。」讓檢方享有自由的辦案空間。最終我成功達成當事人的期待，該案件當時成為媒體關注焦點，且為法律及科技界的經典案例。

如果檢察官最終同意你的追訴，將對方起訴後，案件將會移送給法院審理。此時，檢察官成為訴訟的原告，你已不是刑事訴訟的當事人，法官未必會通知你開庭。當然，因法官審理採行公開方式，即使法官未通知你開庭，你也可以主動到庭聆聽。如果想提出補充理由，可於開庭結束後，與公訴檢察官私下討論案件，但法律未明定公訴檢察官必須聽取你的意見；另外，法官也有可能以證人的身分要求你到場，接受訴訟雙方的證人詰問。

向法官提告的自訴人

不同於向檢察官提出的告訴，當你向法官提出自訴時，必須承擔證明被告犯罪的責任。但你沒有檢察官偵查犯罪的公權力，無法主動調查被告的犯罪事實。你的自訴內容必須附上強而有力的證據，才有機會說服法官審理你的自訴案件。

若你期待法官重視自訴案件，必須列出足以證明被告有罪的所有證據，且描述的犯罪事實必須完全符合《刑法》或其他刑事法所定的犯罪要件。起訴狀要包括被告的犯罪事實及證據清單，能讓法官一目了然，掌握被告的犯罪事實及證據，最好無須再進一步調查其他證據。

提出自訴的優點是，法官審理採公開的方式，可避免向檢方提出告訴所經歷的不公開的偵查作業；但缺點就是，必須強化自訴的理由及證據。你不是代表國家追訴犯罪的檢察官，你的起訴與檢察官起訴的形式意義顯然不同。實務上，自訴人成功說服法官將對方判刑的案例不多，因此該如何破除法官審理案件的心理障礙，是案件成功與否的關鍵。

值得注意的是，就與自訴內容相關的事實，法律允許對方可對你提出反訴。在反訴中，你將成為被告，法官在審理你的自訴案件時，必須同時審理對方提出的反訴。實務中，常見自訴案件的被告策略性地提出反訴，以干擾自訴，使法官必須同時審理自訴與反訴的案件，等於加重了他的審判負擔，而法官通常會將此類案件置於待辦之列，當事人只能無奈等待。

憲法訴訟的操作技巧

憲法訴訟涉及具體法律規定、政府命令及司法裁判的效力，是法律制度的修正或改變，影響社會甚鉅，憲法法庭在做出裁判前，須廣泛聽取社會大眾意見。

不同於一般民事、刑事及行政訴訟，憲法訴訟是針對有關憲法議題的紛爭，而憲法議題主要有二：一是政府各機關之間的關係；另一則是國家與人民之間的關係。前者不涉及一般民眾；後者直接與一般民眾相關，就《憲法》保障人民的基本權利，如：平等權、自由權、工作權、財產權等，審酌法律或政府命令是否符合《憲法》保障人民基本權利的原則。

憲法訴訟主要是審酌立法院所制定的法律或行政院所頒布的命令有無違反《憲法》所定精神、具體的法律規定或政府命令是否牴觸《憲法》等等。從而，提起憲法訴訟的操作技巧，應著重於如何論述具體法律條文或具體施政命令違反《憲法》所定保障人民基本權利，因此，須掌握下列憲法訴訟的特性：

只有原告沒有被告的戰爭

不同於一般民事、刑事及行政訴訟有特定的被告，憲法訴訟的聲請人即使類似一般訴訟的原告，但憲法訴訟並沒有特定的被告，也就是沒有特定的戰爭對象，它的訴訟目標是推翻既有的具體法律規定、政府命令或司法裁判見解。然而，憲法訴訟有特定的相對人，也就是負責具體法律規定、政府命令或司法裁判見解的政府主管機關，例如：憲法法庭判決《刑法》第二三九條所定「通姦罪」失效的案例，該案相對人是主管《刑法》的法務部。

依《憲法訴訟法》的規定，一般民眾有權聲請的憲法訴訟有兩種：一是「法規範憲法審查及裁判憲法審查」；另一是「統一解釋法律及命令」。前者的當事人是具體民事、刑事或行政訴訟的確定終局裁判所受不利益的人，例如：遭民事確定終局判決命應給付金錢或其他財產給他人的人，或受刑事確定終局判決有罪的人；後者是指受不利的確定終局裁判的當事人，其認為該確定終局裁判所適用的法規範見解與其他適用同一法規範的確定終局裁判的案件見解不同，例如：甲受到不利確定終局判決所適用的法規範見解為A，但該法規範在乙的確定終局判決見解為B，甲認為同一法規範的見解出現A及B的不同結果，從而甲有權聲請憲法法庭審核該法規範，並聲請大法官統一見解。

上述聲請人必須是在一般民事、刑事或行政訴訟案件遭受不利裁判的當事人，且已窮盡法律所定的所有審級救濟程序，最終仍遭不利的確定裁判，也就是聲請人就特定訴訟案件須提起上訴（或抗告）到不能再提起上訴（或抗告）的程序為止，才能聲請憲法訴訟。如果聲請人因忘記或主動放棄上訴，導致案件因此確定時，就不是「依法窮盡訴訟的救濟程序」，即使他遭受不利裁判，仍不符合《憲法訴訟法》所定的聲請條件，受該特定裁判的當事人就不屬於憲法訴訟的聲請人。

聲請人所提憲法訴訟案件一旦通過審查後，憲法法庭會將聲請人所提的聲請書轉給負責該爭議法律或命令的主管機關，也就是憲法訴訟的相對人，而相對人須在一定期限內提出答辯書。以《刑法》通姦罪為例，主管《刑法》的法務部是聲請人的相對人，雖與聲請人無直接衝突的糾紛事實，但因其為執掌《刑法》的政府機關，在聲請人質疑該《刑法》規定違反《憲法》保障基本人權時，法務部必須說明該規定並無違反《憲法》所定精神。

聲請人未必直接受益於判決結果

憲法法庭做出的判決直接拘束各政府機關及全國人民，但依《憲法訴訟法》的規定，憲法法庭認定具體法律條文、政府命令或司法裁判違憲時，會於判決中宣示該法律條文、政府命令或司法裁判的效力，可分為「立即失效」、「溯及失效」及「定期失效」等等。因此，即使憲法法庭認定具體法律條文、政府命令或司法裁判違憲，聲請人的先前案件即使適用該具體法律條文、政府命令或司法裁判，也未必能因此獲得重新審理的改判機會，聲請人未必能直接獲益。

舉例言之，憲法法庭的前身（即司法院大法官會議）於二〇一六年四月二十九日做出第七三七號解釋，認定《刑事訴訟法》所定偵查中的羈押審查程序應以適當方式及時使犯罪嫌疑人及其辯護人獲知檢察官據以聲請羈押的理由，除有事實足認有湮滅、偽造、變造證據或勾串共犯或證人等危害偵查目的或危及他人生命、身體之虞，得予限制或禁止外，應使犯罪嫌疑人或其辯護人獲知檢方聲請羈押的有關證據，俾利有效行使防禦權，才符合《憲法》正當法律程序原則的要求。

該大法官解釋因此宣示有關機關應於該解釋公布之日起一年內，基於該解釋意旨，修正《刑事訴訟法》並妥為規定；逾期未完成修法，法院的偵查中羈押審查程序，應依該解釋意旨行之。然而，該案聲請人是前台北市議員賴素如，她因二〇一三年三月二十七日遭台北地方檢察署以涉嫌台北雙子星索賄，向台灣台北地方法院聲請羈押。當時，賴素如與她的辯護律師聲請閱覽檢方偵查中的羈押資料，以做為法院審理該羈押案件的答辯攻防，但台北地方法院並未核准，她抗告到台灣高等法院，仍遭駁回確定後，聲請憲法法庭審理。

憲法法庭於二〇一六年做出上述第七三七號解釋，認定法院依據《刑事訴訟法》規定，審核檢方於偵查中聲請羈押犯罪嫌疑人時，犯罪嫌疑人及其辯護人有權請求閱覽檢方所提的相關證據資料，才能正確回應檢方提出的羈押理由，並保障犯罪嫌疑人在偵查中的基本人權。基此，立法院於二〇一七年四月二十一日修正《刑事訴訟法》關於犯罪嫌疑人及其辯護人於偵查中羈押審查程序有權閱覽檢方卷證的獲知權，明定犯罪嫌疑人於法院審查檢方偵查中請求羈押犯罪嫌疑人的程序中，辯護人享有與審判中相同的完整閱卷權；對於沒有委任辯護人的犯罪嫌疑人，《刑事訴訟法》明定其仍享有適當的卷證獲知權。

憲法法庭做出保障犯罪嫌疑人的訴訟權益，但該案聲請人賴素如於大法官做出上述解釋文的二〇一六年四月間，已遭一審判決認定犯職務上收受賄賂罪，遭判處十年有期徒刑，且其正在二審法院審理中。換言之，賴素如即使贏得憲法訴訟的判決，但她的案件並沒有因此重新回到檢方偵查程序，也沒有改變她先前遭檢方聲請羈押時，法院不准其閱卷的不利結果。她的聲請動作只是嘉惠於未來可能遭檢方聲請法院准予羈押的犯罪嫌疑人及其辯護人。

聲請程序嚴格及審判公開透明

聲請憲法訴訟的時間有嚴格的要求，對於聲請「法規範憲法審查及裁判憲法審查」的案件，須在收到確定終局裁判的六個月內提出；至於聲請「統一解釋法律及命令」的案件，則須在收到確定終局裁判的三個月內提出。如果逾期，聲請人就無法提出。

其次，聲請憲法訴訟的書面格式也有嚴格要求，聲請人須依《憲法訴訟法》所定書面或電子格式提出，且書狀須包括聲請人及其個人資料信息、應受判決事項、確定終局裁判所適用的法規範或該裁判違憲的內容，以及所涉及《憲法》條文或《憲法》上權利、聲請判決的理由等等。

由於憲法訴訟涉及具體法律規定、政府命令及司法裁判的效力，是法律制度的修正或改變，影響社會甚鉅，憲法法庭在做出裁判前，須廣泛聽取社會大眾意見。因此，《憲法訴訟法》明定聲請人提出的聲請書及相對人所提的答辯書，均公開於憲法法庭的網站，且憲法法庭召開言詞辯論庭時，鼓勵一般民眾參與旁聽審判，且會依不同案件內容，決定是否以網路同步直播，或庭後公開言詞辯論錄音檔案，此與一般民事、刑事或行政訴訟案件僅公開法庭審理不同。

至於聲請憲法訴訟的案件理由，《憲法訴訟法》雖無明文規定，但案件是否合乎程序規定，是否符合實體審查內容，甚至獲得大法官青睞，取決於聲請是否論述完整。

對於「法規範憲法審查及裁判憲法審查」的案件，應對不利的確定終局裁判所適用的法規範或裁判本身，具體說明該法規範或裁判本身違反《憲法》所定保障基本人權的理由，以及此聲請具有「憲法重要性」或為貫徹聲請人的基本權利所必要的具體理由。倘若該不利的確定終局裁判違背法令，但其瑕疵不存在「憲法重要性」，或非貫徹基本權利所必要，或聲請人單純認為法院審酌事證錯誤或有所疏漏等，就不屬於憲法法庭的審查範圍，憲法法庭須尊重終審法院的審判權。

至於「統一解釋法律及命令」的案件，應對不利的確定終局裁判所適用法規範的見解，說明其與不同審判權的終審法院的確定終局裁判在適用同一法規範時已表示的見解不同，憲法法庭有必要統一見解。

無論哪一種聲請案件都涉及高度專業法律論證，如果不是持續關注法規變動、司法判決見解，及大法官歷次解釋文或憲法法庭裁判等等，實不易達成聲請憲法訴訟。一旦你決定聲請憲法訴訟，可考慮尋求法律專業人士協助，尤其是判斷案件有無違憲時，須詳細研究該確定終局裁判的理由，甚至須研究該確定終局裁判的所有卷宗，才能判斷該具體判決是否違憲，而不是僅憑口頭描述確定終局判決的內容，就能達成憲法訴訟的目的。

影響訴訟操作的客觀因素

如果你的案件涉及知名人士、現任官員或大企業等等，或案件本身就是知名事件，這些客觀因素難免造成法官審判的壓力，也會受到輿論影響。

英美陪審團的審判制度中，案件陪審員的候選資格之一，是必須對即將陪審的案件尚未從媒體或其他管道知悉相關內容，以免在未審理前就存在偏見。我國的案件審理全然交由法官裁決，但法律沒有限制法官就手中審理的案件，必須保持不知情的客觀態度，法官與你我一樣可以接受來自四面八方的消息，難免受到媒體報導或社會氛圍所影響。如果你的案件內容涉及社會關注的議題，難保法官心中沒有既定的看法。

舉例而言，在《勞動基準法》剛頒布實施的前幾年，勞工獲得極大關注，當時資方處於不利地位，勞資糾紛案件增加許多，而法院審理的態度大都傾向勞工，即使資方依法辦理勞工離職手續，在具體個案糾紛中，仍難免遭到法院不利判決。我當初代表一家知名企業處理勞資糾紛案件時，就感受到這樣的氛圍，最終遭到不利判決。

同樣的，二〇一四年三月間，因反對政府的兩岸貿易談判而引發「太陽花學運」，成為社會及媒體關注焦點。社會大眾肯定年輕人表達的民主訴求，但違法占領行政院，且破壞公物等行為，未見司法單位積極追訴相關行為人的責任。顯然，在此社會氛圍下，法官審理此等案件焉能不考量社會大眾的觀感。

二〇一四年，頂新公司涉嫌的食用油問題，曾引發消費大眾對食品的恐慌，甚至抵制頂新公司相關產品。而彰化地院針對頂新相關涉案人員判決無罪，更引發社會大眾抗議，迫使彰化地院承審法官於判決後三天發布新聞稿，表明他們的審判立場。可見，法官除須專心辦案外，或許還得考量社會大眾對知名案件的反應。

除了社會大眾普遍關注的議題可能影響法官對具體案件的看法，如果你的案件涉及知名人士、現任官員或大企業等等，或案件本身就是知名事件，這些客觀因素難免造成法官審判或檢察官偵查的壓力，也會受到輿論影響。

前總統陳水扁涉及的「國務機要費案」、「二次金改案中的國泰併世華案及洗錢案」及「侵占國家機密文件案」等，法官雖曾一度積極審理，但最終因被告健康問題，暫停審判；而前總統陳水扁女婿趙建銘在二〇〇六年因涉嫌「台開案內線交易」，經檢方起訴及一審判決六年有期徒刑後，案件歷經二審及三審陸續來回多次，直到二〇二一年十月十四日才經最高法院判決確定，趙建銘被判處三年八個月有期徒刑，並於同年十一月二十五日入監服刑。此案件拖延確定判決的主要原因之一就是法官對所謂「不法所得」等事實，遲遲無法確定。

而適用《國民法官法》的案件是發生死亡結果的故意犯罪，或最輕本刑為十年以上有期徒刑的犯罪，這類型犯罪應屬重大刑事案件，往往成為媒體關注焦點，犯罪嫌疑人從案發後或已成為媒體關注對象，隨著檢警展開偵查後，犯罪嫌疑人的犯罪手法將隨媒體每日追蹤報導而曝光，一旦檢方決定起訴，被告進入刑事審判後，審理的國民法官及專業法官即使依法只收到起訴書，但他們從媒體每日報導的內容中，是否產生先入為主的看法，將是影響案件判決結果的重要因素。

無論如何，當案件涉及足以影響法官審理的客觀因素時，你必須評估這些因素可能影響法官審理的程序，而如果你恰好站在有利的一方，自然可以因勢利導，善用客觀因素的影響，有效配合法官審理，以期盡早獲得勝訴判決。

相反的，如果你不幸處於客觀因素不利的一方，或可延後提起訴訟，等客觀因素的影響程度較小後，再思考起訴角度；若訴訟已由法官審理中，或可以調查證據，或盡力提出與客觀因素不同的事實主張，使法官放慢進行速度。若仍無法達到目的，就必須注意法官的審理態度，從法理情等方面持續加強主張，以減少法官受客觀因素影響的程度。

我在前作《你最好要知道的司法真相》中，提及「新新聞與呂秀蓮副總統的民事回復名譽侵權案」。呂秀蓮當時身為副總統，新新聞與她打官司，自然應考量此客觀因素。且當事人出身法律背景，又貴為國家副總統，有龐大律師團辦理此案，法官承受巨大的審判壓力。新新聞明知上述事實，如果能將原本「新聞自由與名譽保護」的法律問題，技巧轉變策略為「國家安全」的問題，也就是有無誰冒副總統之名打電話給新新聞，並因此請求法官向國家安全部門調查事實，將可協助法官以調查證據的理由，暫緩直接判決的壓力。

換句話說，如果國家安全部門尚未查明副總統提出的「有人冒名副總統打電話給新新聞」一事，那副總統向媒體所發布的事實就應繼續調查，而法官在事實不明下，當然無法貿然做出判決。新新聞當時是遭追訴的被告，並無請求法官立即結案的壓力，或許延長審理的時間，也算是成功防守。

第四部

面對法官審判的態度及方法

協助當事人處理法律糾紛多年，糾紛內容不斷改變，過去糾紛金額僅數百萬元的案件就引人注目，如今金額動輒上億，甚至數十億；過去糾紛事實僅為國內交易，而今經濟活動多樣，涉及兩岸關係及海外交易的糾紛眾多，問題千變萬化。過去我拎著一個公事包就可以開庭，而今法院的糾紛案件卷宗眾多，常見穿梭於法庭間的律師需以行李箱攜帶開庭卷宗。

過去威權時代，糾紛案件相對比較單純，常見的是不動產交易問題、私人或親屬之間的金錢糾紛、遺產爭執等等。隨著民主化及經濟環境改變，兩岸交易頻繁，企業活動熱絡，企業經營權的爭奪、股份交易糾紛、《證券交易法》的問題、智慧財產權爭執等等，複雜的案件層出不窮，涉及的專業知識領域不同，無形中增加了法官審理案件的壓力。

猶記剛執業律師的前五年，曾到法院閱覽卷宗達十三卷，當時翻閱著十幾卷文檔，撰寫約二十頁近數萬字的書狀，耗時近一週的時間才完成。但之後的情況漸漸改變，處理的案件事實漸趨複雜，一件涉及海外掏空的案件，法院卷宗近上百卷，外國文件占六成以上，而我撰寫了超過二十份書狀，法官則花了近三年的時間才審理完成，其理由書超過上百頁。

近年來，數十頁的判決書已是司空見慣，除了論述被告的犯罪事實，開庭調查的證據文件不下數十份，傳訊的證人有時更多達數十人。現在法官審理的案件內容確實比過去複雜且專業，即使學問淵博的法官也未必能獨自應付各式各樣專業領域的問題。

因此，審理各種專業糾紛的法官應運而生，如：商業事件、勞動事件、智慧財產事件、家事事件等等，所適用的訴訟規則也紛紛制定，如：《商業事件審理法》、《勞動事件法》、《家事事件法》等。有別於《民事訴訟法》的規定，雖然實務審理規則有所差異，然主要的運作模式大同小異，只是辦理各種專業事件的法官具有較一般法官豐富的辦案經驗。雖然如此，即使訴訟案件事實複雜，法官都必須親自審閱糾紛雙方的所有事證，並做出判決。

雖然法庭運作配置有書記官協助處理相關紀錄及文件歸檔等行政作業，但因書記官的職責並非協助法官處理審判事宜，如果當事人想要有效率地掌握自己的訴訟案件，應該整理好與糾紛事實有關的事項，讓法官減少不必要的時間與精力耗費，專注於事實及證據調查。如果你期盼法官能夠掌握你的糾紛故事，在進入法庭審理前，建議你先做好下列準備工作。

收起情緒，回到理智

你要如何在法官面前倒帶過去發生的糾紛？過去你或許因一時疏於關注，不幸與人產生糾紛，如今面對訴訟，豈能再因一時的情緒，做出可能錯誤的選擇？

一位友人根據常年在海外工作的先生的刷卡紀錄，懷疑他有了「小三」，她想與先生離婚，又想保有房產，於是求教於我。聽完她的描述，我問她如何確定先生外遇，她沉默許久，沒有回答我，從她的眼神看得出來她並不知道真相，僅是猜測先生背叛了她。

這位友人是一家日本企業的高級主管，能理智處理工作上的疑難雜症，可是一旦涉及自己的問題，就失去了冷靜判斷的能力。如果她不願回歸理智選擇，永遠無法做出適當的決定。如果她的先生不同意離婚而必須循法律途徑解決婚姻問題時，她顯然無法舉證先生有小三的事實。

許多人遇到糾紛時，常會陷入情緒反應，不斷數落對方的不是，且在不理智之下提出訴訟，期待法官判決錯在對方。但他們從來沒有理智分析事情，整理證據，想想如何說服法官相信自己的故事，也未曾思考如何回應法官可能的問題。

打官司不能靠情緒，況且法官也不會太在意你的情緒反應，你必須收起情緒，回到理智，做好訴訟準備。訴訟是要在法官面前「重建糾紛事實的原貌」，面對法官審理，你必須條理分明地說明糾紛原委，回應法官對細節的提問。訴訟雙方常在法官面前互揭瘡疤，如果沒有回到理智，往往無法冷靜面對。

面對法官審理時，你必須盡量「美化自己過去的行為」，或「強化對方過去的錯誤」，不斷灌輸法官「你對而他錯」的觀念。你或許可以情緒性地表達自己的感受，博取法官的同情，但如果沒有呈現對自己有利之點，回應法官的詢問，難以期待勝訴。

很多時候，當你重新瞭解訴訟事實的全貌、分析問題原委後，你會發現訴訟未必對自己有利，寧可選擇其他的解決方式。果真如此，你沒有延續過去的錯誤，反而有效防止損失擴大，更可避免在法官審理時，因相互爭執而再次落入情緒波動。

倘若你沒有把握在分析事情時收回情緒，或可請一位能為你著想的朋友或律師，將你的糾紛故事告訴他，請他協助你冷靜分析問題，整理事實。

有位朋友收到鄰居寄發的存證信函，家中意見因此分為兩派：主戰派的父母因對方長期與多位鄰居失和，常發函恐嚇鄰居，氣憤地說要向對方宣戰；我這位朋友則是主和派，不願與人做意氣之爭，寧可理智面對問題。因朋友父母年事已高，無法親自應戰，最終不得不聽從朋友的理智建議。朋友於是撰寫一份書面內容，回應對方的存證信函，澄清彼此的誤會，雖遭家人指責為軟弱，最終卻贏得鄰居的友善回應，消除兩家的緊張關係，免除一場不必要的訴訟。

我欣賞友人的處理方式，即使他身處激烈的風暴下，仍願意放下情緒，三思而後行地回應不當指控。我想即使他最終必須面對訴訟，也必定能夠在過程中找到正確的因應手段，取得美好的結果。

人生無法倒帶，但訴訟恰好是「倒帶人生」：在法官面前倒帶你過去發生的糾紛。你會如何呈現你的倒帶故事呢？過去你或許因一時疏於關注，不幸與人產生糾紛，如今面對訴訟，豈能再因一時的情緒，做出可能錯誤的選擇？

避免主觀，盡量客觀

從客觀角度分析案件，才能發現自己的訴訟弱點，察覺訴訟中相關人員的反應，尤其在面對法官審理時，正確與法官溝通。

一位遭二審判決有罪而亟欲尋求三審翻案的企業主，滔滔講述著他遭檢察官、一審及二審法官誤判的冤情。他無視於二審判決認定他犯罪的理由，也毫不在意我是否理解訴訟事實，更不關心我能否提出專業分析。他主觀認為自己始終遭到司法迫害，從與他對話的過程中，我確信他從來沒有客觀分析檢方的起訴內容，以及一、二審的判決內容。

這位企業主聘請了多位律師，而他的律師團隊並未協助他客觀面對審判。我閱讀著律師團的書狀內容，除了看到質疑檢方起訴及一、二審判決的錯誤外，根本無從得知他的答辯主軸，更不明白他的糾紛故事。

當我們抱持成見看事物，很容易變得偏頗。以這樣的態度打官司，必定會陷入

避免主觀，盡量客觀

自我感覺良好的迷霧中，無法看清法官審理的觀點。法官從未參與當事人的糾紛事實，他對任何承審的案件來說都是個「旁觀者」，而所謂旁觀者清，才能做出公正的裁判。所以，如果你沒有客觀反思自己的案件，就無法掌握法官審理案件的角度。因此當事人應該避免耽溺於自己的感受，多關注法官審理時的反應，搞清楚法官對案件的瞭解程度，才能適時補足法官對案件不明白或有疑問之處。

如果你與上述企業主一樣，僅是一廂情願地質疑法官過於主觀，從未檢討自己有沒有將心比心地瞭解法官手中所有資料所呈現的糾紛事實情況，以及是否提供法官想要瞭解的關鍵事實，則勢必無法正確回應法官的問題。如果你只是流於一己的主觀錯誤，那麼你顯然無法與法官對焦，更遑論提出說明解釋。

大多數的法官都具有充足的法律專業，他們固然對案件有自己的看法，但他們與當事人沒有個人恩怨，所以當事人可以嘗試與法官交流，從法官的反應中探知他們對案件的看法，也就是以法官的角度思考自己所提出的書狀有無不足之處，能否讓法官充分理解你的糾紛故事。

上述案例的企業主在經營上或有過人之處，但他可能以同樣主觀與優越的態度面對訴訟，解讀檢方起訴的內容，以致產生許多盲點。這樣的主觀態度必然無法讓他正確分析對己有利及不利之點，更無法客觀面對法官審理所提出的一系列問題。從他的抱怨中，說明了他與法官之間有很大的鴻溝，而他並未努力消除法官對他的疑問，法官自然不會做出對他有利的判決。

事實上，這名企業主遭檢方起訴後，透過閱卷知悉了檢方起訴原委，但他及律師竟以「不知情」否認起訴書的所有指控，且要求檢方舉證起訴的犯罪事實。一、二審法官顯然期待他反駁檢方的起訴內容，但他單純以不知情及要求檢方舉證的理由搪塞，無法提供法官做出無罪判決的堅實理由，反而使法官產生懷疑。他沒有客觀協助法官瞭解他的糾紛故事，也等於傷害了自己。

無論你是基於選擇或被迫走入訴訟，應盡可能放下主觀成見，從客觀角度分析案件，才能發現自己的訴訟弱點，察覺訴訟中相關人員的反應，尤其在面對法官的審理時，正確與法官溝通。如果法官的看法有偏差，你會即時發現並有能力改變他的錯誤認知；如果法官的看法與你相似，你將能夠與法官產生共鳴及互動，必然有利於你的訴訟。

避免主觀，盡量客觀

此外，許多當事人喜歡委請曾擔任過檢察官或法官的律師辦案，理由是他們比較能夠掌握檢察官和法官的想法，但如果此類型的律師沒有放下過去擔任檢察官或法官的心態，難免仍以主觀想法推論承辦檢察官或法官的想法，恐陷入另一種主觀的弊端。

當事人聘請律師協助訴訟時，必須保持客觀的態度，聽取律師的專業意見，尤其是他們如何分析訴訟事實的利弊，以及將要如何處理訴訟的弱點。反過來說，律師在法官面前的一舉一動都代表著當事人，如果他比當事人更主觀，反而違反了委任的初衷。

法官在審理過程中，會隨著掌握案件事實的程度不同而改變看法，如果當事人或律師沒有以客觀態度面對法官，恐將無法察覺法官的態度改變。以客觀的態度處理自己的訴訟，才能夠適時注意到法官的感受，調整攻防步伐，打一場有把握的訴訟戰爭。

熟悉真相，見樹見林

先有大範圍的樹林全貌，再選擇有利於己的樹木，接著勾勒有利於己的樹林，此乃處理訴訟的不二法則。

一家企業發現經理人違法背信，造成公司嚴重虧損，因經理人有意隱藏，致使企業無法及時獲悉事實真相，於是企業便匆忙提起刑事追訴。無奈的是，所聘請的律師經驗不足，無法分辨有利於企業的樹木，而是一股腦兒地將企業提供的資料，整理歸納分述為多項犯罪事實，反而讓檢方陷入瞎子摸象的困境。

檢察官因無法瞭解這名經理人的犯罪事實，加上經理人提出似是而非的說詞混淆視聽，而律師又無法有效揭穿對方的謊言，檢察官因此做出不起訴處分。案件來回地檢署及高檢署多次，經過多名檢察官處理，累積的卷宗已超過數百公分。如果你是承辦的檢察官，會如何看待此案件呢？

檢察官與法官雖有不同的工作職掌，但就瞭解訴訟當事人的糾紛內容而言，上述案例雖是偵查中的當事人遭遇，但在法官的審判中仍可能發生。事實上，訴訟主要是由雙方各自陳述對自己有利的糾紛故事，最終由法官依雙方提出的證據資料，以較可信的證據拼湊出事實全貌，並做出判決。然而，法官認定的糾紛全貌未必是糾紛當時的所有真相。

以樹木及樹林為比喻來說明：你與對方在法官面前各自陳述自己的故事，糾紛細節如同林中的樹木，而你們的糾紛故事就集結成樹林。你挑選對你有利的樹木一一呈現給法官，對方也以同樣的方式將事實呈現給法官，法官最終根據你們所挑選的樹木，集結成他所採信的糾紛全貌，但這片樹林未必是糾紛當時的完整樹林。

如果你在打官司前，沒有先看過完整的樹林，將無法選擇對自己最有利的樹木，也就無法組成一片對你最有利的樹林。

如何熟悉事實真相呢？建議採取「見樹又見林」方法，先有大範圍的樹林全貌，再選擇有利於己的樹木，接著勾勒有利於己的樹林，此乃處理訴訟的不二法則。即使你在一審法官面前沒有做好這項工作，仍應在面對二審前，以此態度掌握糾紛故事的全貌，發現一審判決的錯誤之處，才能擬定上訴方向及策略。

如果你的糾紛故事複雜，可以嘗試將每個糾紛細節依照時間先後，列表做成大事記，以建立個別樹木；之後，再將所有樹木集合成為樹林，反覆觀看，以熟悉全貌。瞭解樹林全貌及個別樹木的相對位置，猶如瞭解糾紛故事及細節的關係。

完成大事記後，才能總覽全局，選擇有利於己的樹木，強調有利於己的糾紛故事。這個大事記不僅有助你掌握訴訟全局，還能瞭解對方動靜，以及正確回應法官審理時的任何問題；即使疏忽犯錯，仍能從制高之處走回訴訟正途。

我曾在一場歷時十年以上的訴訟中，反覆運用大事記對抗對方顛倒是非的說法。每當面對不同法官審理的首次開庭前，我必將大事記所記載的「有利於我方當事人的每個糾紛事件」置於書狀首頁，而書狀的相關論點也都圍繞在大事記所呈現的事件細節，好讓法官容易掌握有利於我方當事人的糾紛故事，不致讓對方的烏賊戰術得逞。

這份大事記是我閱讀當事人提供的近千份文件後，記錄重要文件的時序及內容，點滴累積出來的成果。最後我從摘要紀錄的文件中，反覆推敲如何整理出對我方當事人有利的糾紛故事，還因此發現對方惡意隱瞞的重要事實，成為攻擊對方的最佳利器，最終也協助最高法院法官理解案件的真相。

反覆練習，學習溝通

與法官溝通，就是清楚地陳述你的糾紛故事，表達每個故事細節，同時觀察法官的反應，確認他聽進去，且聽懂了你的故事。

我曾協助好友處理一起海外訴訟，應付訴訟的「發現程序」（Discovery），並陪同他到海外開庭。我看著這位當事人認真準備每次出庭，反覆練習，實在佩服。如果所有當事人都以這樣的精神打官司，訴訟結果必然可期。

面對堆積如山的文件，這位好友從無怨言，且捨棄假期努力看懂每份文件。為了應付出庭，他要求我模擬法官及對方律師可能提出的問題，陪他進行多次問答練習。他猶如準備一場人生考試般，密密麻麻地記錄了出庭應回答的重點，甚至利用休閒時間，反覆背誦重要事實，以期正確回應法官及對方律師的提問。

記得我剛執業律師時，依指導律師的要求，為一件涉及「三七五減租」的民事案件出庭。那是我首次面對法官審理，兩隻腳不斷顫抖，無法正常表達。當時我反覆深呼吸，降低緊張情緒，以期為當事人的案件辯論。身為熟悉法律的律師，面對法官審理仍不免緊張，更遑論從無打官司經驗的一般人。

許多人以為聘請律師處理訴訟問題，就可以高枕無憂。但律師人數急遽增加，各有不同的專業領域，並非所有律師都是訴訟能手。即使律師代理案件出庭，也未必能正確回應法官的問題。尤其，刑事訴訟的被告必須親自出庭，即使聘請律師到場，他也無法代替被告回應法官。因此，不論有無聘請律師協助，當事人最好都要保持積極的態度，反覆操練，才能自然地與法官或律師溝通，掌握訴訟進度。

有位朋友曾提到他們的企業聘請律師代為處理法律問題，他們原以為律師會盡心為他們謀取最大訴訟利益，沒想到他突襲監督律師辦案時，赫然發現律師沒有按時出庭。後來他決定親自督軍，操盤訴訟，最終獲得勝訴判決。

訴訟著重與法官的溝通，透過書面審理及言詞審理，你與法官建立起溝通的管道。如果你不擅於此，因法官審理採公開方式，在出庭之前，你可以先到法庭觀察法官審理其他案件的態度及反應，透過觀察或可掌握法官個性，而且能瞭解法官的問案風格。

良性溝通是雙方經由交流，達到彼此共通理解的程度。而所謂與法官溝通，就是清楚地陳述你的糾紛故事，表達每個故事細節，同時觀察法官的反應，以確認他聽進去，且聽懂了你的故事；最終，進一步說服法官相信你的糾紛故事。

我雖從事訴訟實務多年，但面對案情複雜的訴訟，我總是在首次開庭前反覆思索法官可能的反應與對方可能的攻擊，不斷演練自己的攻防表達，以期在首次開庭審理時，讓法官留下深刻印象，審慎審理我所代表的案件。

訴訟勝負不是立基於一位高手律師或明智的法官身上，而是在熟練的訴訟操作。當事人無法選擇審理自己案件的法官，但反覆練習表達，無論面對什麼樣的法官，你都能正確說明糾紛故事，協助法官審判。

試想，如果你是法官，面對一位積極整理訴訟事實、配合你的調查及審理，且有效與你溝通的當事人，難道你不會對他的案件多付出一分心力嗎？一旦你反覆練習，熟悉訴訟操作，無論面對一、二、三審的不同法官，都能順暢地溝通。

九分事實，一分法律

糾紛事實不同，法官所適用的法律自然不同，也就是事實差之毫釐，法律失之千里。以事實為主，法律為輔，才是訴訟的正確策略。

一位朋友一審遭到敗訴，判決書多達二十五頁，法官以十幾萬字說明他敗訴的理由。他聘請律師提出二審上訴，但律師草擬的上訴理由僅短短三、四頁，若非此律師用字遣詞精鍊，字字珠璣，焉能完整打擊一審判決？而如果你是二審法官，能夠從這簡短的上訴理由中，找到推翻一審判決的理由？

我依朋友的請求，先聽取他的糾紛故事，再查閱他提到的相關文件，之後細讀一審判決理由，最終為他撰寫一份批判一審判決的上訴理由，前後約計四十頁，數十萬字。固然，上訴內容是否有理不是以頁數多寡為斷，但打擊一份二十五頁的判決，三、四頁的書狀勢必無法說明糾紛故事的全貌與一審判決的錯誤之處。

法律是維護社會和平的遊戲規則，訴訟如果只是在比較法律適用的優劣，那法官無須審理具體事實，只要請雙方提出法律規定即可。但事實上，法官的審理主要是在瞭解糾紛事實，才能依照事實內容，適用法律，判斷是非。

舉例而言，你向超商購買飯糰，但飯糰不新鮮，你吃了之後感到不舒服，於是要求超商賠償，但超商以飯糰不是他們製造的，且飯糰沒有超過保存期為由，主張你是因為其他原因才不舒服，拒絕你的要求，你憤而提起訴訟。當法官審理時，你應先說明上述事實，再引用《民法》、《民事訴訟法》、《消費者保護法》等規定，請求法官判你勝訴。

許多律師常沒有耐心聽取當事人陳述的糾紛事實，即妄下斷語及引用法律條文，甚至所撰寫的書狀引用大量判決見解，比重多於事實的陳述。而當事人因為看不懂所引用的法律或判決見解，誤以為律師展現專業，殊不知此恰好反應律師沒有關注你的案件事實。

有位企業主委任律師追訴廠商責任，他看不懂律師草擬的書狀，誤以為此乃訴訟特有的用語及格式。他因案件進行不順而請我協助，當我完成書狀，請他核准提出時，他驚訝地表示原來書狀可以如此淺顯易懂！我笑著回答他，如果他都看不懂我的書狀，怎能期待法官看得懂我的書狀呢？

法官是法律專業，當事人或律師無須教育他如何適用法律或判例，但他們不知道當事人的糾紛事實。當事人必須努力陳述完整的糾紛故事，或透過律師將糾紛故事搭配有利的法律，切割為「有利於你」、「不利於你」及「無涉利害」等事實，再轉化陳述給法官。

每個具體案件都有獨特的事實內容，面對法官審理有不同的陳述方式：可以選擇陳述「對方無法挑剔」的事實，再陳述「可能遭對方挑戰」的事實，搭配陳述角度，降低對方挑戰的可能；至於「必遭對方挑戰」的事實，宜避免提出，盡可能等對方表態後，再被動表態，以減少法官對你的可信度的質疑。許多人常一筆帶過對自己有利的事實，並大量引用其他判決內容，顯然未關注法官審理的重心。

假如你想陳述的事實內容共有十頁，那麼你希望打動法官的內容，至少應該占五頁以上才符合常情。甚且，你更應瞭解法官每月審理數十件案子，終日與書狀為伍，如果你沒有反覆強調你的糾紛故事，便難以抓住法官的目光。

此外，陳述事實時，應避免流於表達自己的感受，因為法官審判的基礎在於個案事實，而不是個人感受。不過，在特定的民事訴訟案件中，例如民事侵權官司，個人感受或可成為侵權案件中的主觀心態，可提供法官判斷有無侵權行為的故意或過失基礎；另外，在個別的刑事案件中，個人感受或可成為法官審理你的行為有無犯罪故意的基礎。

值得注意的是，糾紛事實不同，法官所適用的法律自然不同，也就是事實差之毫釐，法律失之千里。例如：你同意對方使用你的房子，你與對方之間的法律關係是「使用借貸」；假如對方支付你使用房子的金錢，你們的法律關係就變成「租賃」。此兩種法律關係不同，適用的法條不同，結果當然不同。你在法官審理時，必須正確表達事實，才不至於適用了對你不利的法律。

總之，事實與法律都是訴訟勝負的關鍵，如何平衡陳述比例，正確傳達合適的信息給法官，考驗著當事人及律師的智慧。以事實為主，法律為輔，才是訴訟的正確策略，也是回應法官審理的基本態度。

七分傾聽，三分表達

在法庭中，傾聽猶如船舵，能讓你掌握法官的心思及傾向。知道法官的心思或傾向後，再決定要順應法官的方向前進，還是要引導他轉向你所期待的方向。

我過去的律師同僚在辦理一件民事侵權案件時，努力想說服二審法官，但經過幾次開庭後，他沮喪地請我出庭，因為他感覺與法官之間的溝通產生瓶頸，法官似乎聽不進去他的陳述。

我依他的要求，親自出庭與法官溝通，在我簡略說明我方主張後，即注意法官的反應及聆聽他的回應。從他的話語中，我感受到他想判我方勝訴，但因我方請求的金額，依法律規定可以上訴三審，他希望案件無須上訴三審，才不至於使他的判決遭三審廢棄，也不會影響他的審判成績。

我因此與當事人討論，決定限縮我方的上訴請求金額。當事人最終接受我的建議。就在我提出限縮請求金額且出庭辯論後，果然二審判決我方勝訴，案件也告確定。

這已是數十年前的事，但與法官溝通時，專心聽法官說了什麼，是訴訟成功的重要關鍵。這也給了我一個很大的啟示，成為我往後辦案的重要原則。

法官是訴訟勝負的關鍵人物，如果當事人沒有傾聽法官提問的重點，未解除法官的疑惑，法官心中對案件存在一堆問題，如何做出有利於你的判決。

其次，法官最關心的是糾紛事實，當法官詢問相關問題時，常代表他不理解之處，只要用心聽法官的問題，必能從中掌握他對糾紛故事的瞭解程度。當事人必須當場簡要回答法官的疑問，必要時應以書狀補充陳述。

此外，當事人更應關注法官與對造的互動，聆聽對造與法官之間的對話，觀察法官聽完對方表達後的反應，從法官的反應中，評估他是否採信對方的說法，以便能及時反擊。當你耳聽對方的陳述，眼觀法官的反應，掌握法庭攻防的一切變化時，切記無須急於表達或反駁對方。如果法官沒有被對方引導，而你過度反應，或將引起法官好奇，恐自曝其短。

如果你決定聘請律師，在你表達事實真相後，要傾聽律師對案件的看法，從他的反應及意見中，評估他能否正確傳達你的糾紛故事給法官。如果你與律師的溝通效果不佳，你還能期待他有能力與法官溝通嗎？

一般人都想聘請有名望的律師，卻忽略了有名望的律師可能會因忙碌而無法與當事人做有效的溝通，也未必能正確將當事人的故事傳達給法官。知名律師的優勢或許在於豐富的經驗，而不是立基於與當事人溝通所瞭解的糾紛事實。因此，選擇律師時應仔細傾聽他的意見，而非以名氣高低為斷。

如果你在訴訟過程中，計畫請證人出庭作證，應先理解一般人常不願意介入他人之間的糾紛，尤其作證還須面對法官的訊問。在你請求法官傳訊證人前，應先與證人溝通，瞭解他是否願意情義相挺，畢竟證人證詞必有利於一方，不利於他方，朋友私下議論絕不等於法庭上的證詞，千萬不要以私下言論推論對方會拔刀相助。

當你與證人溝通時，應將與法官溝通的經驗分享給他，理解他聽完後的想法，尤其要觀察他的反應及表情，以免他事後面對法官審理時，無法承受訊問壓力，語無倫次，甚至做出對你不利的證詞。

在法庭中，傾聽猶如船舵，能讓你掌握法官的心思及傾向。知道法官的心思或傾向後，再決定要順應法官的方向前進，還是要引導他轉向你所期待的方向。

表達清晰，兼顧情法

與法官的溝通沒有一定的要求，口頭表達可以即時觀察法官的表情，隨法官的反應調整陳述內容；書面表達以目的為導向，原則是條理清晰、合乎法理情。

一名客戶不幸遭判決確定而入獄，因已服刑過半，有權聲請假釋出獄，但他涉及另一起訴訟，仍在法庭審理中。由於法院另案審理地點與他服刑地點不同，如果他必須依照法官已排定的庭期出庭，勢必得離開服刑地區，而由另案法官將他借提出來，暫時待在其他服刑地點。果真如此，他將無法在原來的服刑地點獲得「表現成績」，恐將影響他的假釋請求。

他請律師代為向法官聲請延後案件審理，方便他辦理假釋。事後他認為律師所擬的請求狀似乎少了點人情味，於是請我代勞。我瞭解他的狀況之後，修改他的書狀內容，經他同意後向法官提出請求，最終獲得法官同意延期開庭，以利他辦理假釋聲請。

傾聽之後，瞭解對方，才能夠做出正確的回應。良好的溝通除了傾聽外，就是正確的表達。訴訟表達的重點不在華麗的詞藻，不在文謅謅的語句，而是要口齒清晰，條理陳述，兼顧情理。當然，肚中有料是表達的前提，如果你不熟悉糾紛故事，空有表達技巧，也無濟於事。

法官審理包括言詞審理及書面審理，因此口頭表達及書面表達缺一不可。表達必須有料，而訴訟的「料」就是糾紛故事，當事人則是最清楚糾紛故事的人。用心構思糾紛故事的鋪陳，必能與法官有良好溝通。

或許有些人寧可花錢找律師辦理，但如果律師不用心瞭解當事人的糾紛故事，即使滿腹學問，也未必能貼切地向法官傳達正確的案件故事。律師的表達未必比當事人強，當事人應先確認律師能否為你效力，才決定是否聘任。

法庭內的言詞表達主要是為了與法官溝通，故應先關注法官的問題，再準確回答；至於書面表達則必須詳細陳述訴訟事實及理由，讓法官在審閱卷宗時，可以從書面內容清楚瞭解相關細節。

以前述案件為例，當事人的目的是為了假釋而請求另案的延期開庭，而不是無罪的辯解。因此，書狀內容除了表達他的情況符合法律規定外，也應注入感情內涵，才能打動法官的心。但他的律師原先的請求內容為：

緣被告XXX日前因符合假釋資格，前於民國（下同）X年X月X日向獄方聲請假釋，被告原本期待假釋能順利通過，將可戮力與辯護律師協同　鈞院釐清本案事實，以還被告清白，無奈因獄方普遍存在第一次聲請假釋不會通過之不成文慣例（附件一），是被告之假釋未獲准許。若依《辦理假釋應行注意事項》第十三點之規定：「假釋事件駁回，逾四個月後始得再報請假釋。」被告依法直到X年X月X日才能再取得聲請假釋資格，且前提尚需被告在獄中連續三個月保持各項累進處遇之成績須達到三分以上。

今因　鈞院已定於X年X月X日上午審理，倘被告於上揭庭期審理期間由　鈞院借提出監，則因借審期間並不列入累進處遇成績之考核評比，故被告再次聲請假釋出監之日期，勢必將再往後遞延，爰懇請　鈞院考量本件訴訟資料及事實繁雜，若容待被告出監獄與其選任辯護人針對本件訴訟資料及事實詳實釐清，更有益於本案實體公平正義之維護，如蒙所請，至感恩澤。

此書狀內容清楚表達了當事人請求假釋的立場，且陳述了他所面臨的法律困境，但似乎給人硬邦邦的感覺，無法打動法官的情感線。我修改書狀內容如下：

按　鈞院審理被告上開案件已預定繼續開庭日期，被告自應遵照　鈞院所定庭期辦理，惟本案事實複雜，被告自檢方偵查期間即遭不公平對待，而以未入境之證人證詞冤枉被告，且未查明被告遭公司多數股東聯手迫害，不當起訴被告，而一審法院在結案壓力下，就被告請求調查之證據未詳細查明，今蒙　鈞院惠予詳查，被告感激在心，惟因被告目前服刑在案，姑不論被告在該另案含冤之處，被告尊重司法判決，在監服刑期間恪遵獄所規定，對於當初年輕思慮未周之處，多所反省，願以行動展現悔改之意，以爭取假釋出獄，一方面得以陪伴高堂老母，以盡獨子孝心，另一方面可重新做人，更能充分與辯護律師討論本案，為自己清白，盡畢生之力。

被告自X年X月X日服刑迄今，在監表現良好，曾於X年X月X日聲請假釋，原以為能順利獲准假釋，惟近日獲悉被告聲請遭駁回，主要原因之一乃係日前被告因本案開庭借提未達獄方認可評估假釋之有效期間成績，致使上述希望破滅！被告不怨天尤人，願以更大努力與誠心，爭取下次假釋機會，以圓上述願望。

茲依《辦理假釋應行注意事項》第十三點之規定：「假釋事件駁回，逾四個月後始得再行報請假釋。」被告於X年X月X日始能再重新聲請假釋，然須以被告「在監連續三個月，且保持各項累進處遇之成績需達到三分以上」為要件，被告有信心達到獄方所定成績標準，惟就「在監連續三個月」之要件，因被告有本案在身，致有可能再遭獄方以此理由再度駁回聲請。

被告日前得悉　鈞院已定於X年X月X日上午審理本案，被告呈請　鈞院惠予斟酌被告上述服刑可聲請假釋權益，及被告為盡人子之孝道等因素，祈調整庭期。倘蒙　鈞院惠予核准調整，被告將可順利完成「連續三個月」之服刑要件，使被告聲請假釋獲准之機會大增；且一旦獲准假釋，更能一圓被告盡為人子之孝道，及配合　鈞院調查本案上開犯罪事實之時程，以解除被告在監每次僅能會面辯護律師討

> 論一小時，實有損被告訴訟權益。
>
> 被告對　鈞院過去開庭期間維護被告訴訟權益，深表感謝，且深知　鈞院審理本案案牘勞形之苦。被告懇請　鈞院在可允許之範圍內，惠予考量上情，倘蒙　鈞院開恩，給予被告因年少一時不查之錯誤，有及早彌補遺憾之機會，　鈞院之大恩大德，被告將永記在心，沒齒難忘。被告考量再三，不得已提出本件陳報請求，尚祈　鈞院體恤一位真心悔改及企盼盡孝之人的懇求，實感德便。

此書狀先肯定法官審理的辛勞，從法官立場出發，表明當事人在另案遭檢方誤會而起訴，不是故意犯罪，當事人尚有理由未陳明，但肯定法官辦案努力，更不會冤枉好人，也願意配合法官審理，絕不是單純考慮自己想假釋的立場，而是綜合考量法官審理及當事人自身利益後的決定。

之後表達當事人因案坐牢，雖仍有冤屈，卻願意尊重法院判決，期讓法官感受到當事人不會怨天尤人的理性思維。接著提及個人狀況及家庭因素的考量，擬動之以情，爭取法官的同情。再繼之表達當事人在獄中切實悔改而符合假釋要件，盼望法官能成全，期待法官能接受當事人的請求，以合法、合情及合理的理由，核准延期開庭。

此書狀提出後，順利獲得法官同意，更改庭期，而當事人因此能在獄中完成聲請假釋的相關條件，最終也順利獲得假釋出獄，專心為另案官司奮戰。

所以，與法官的溝通沒有一定的要求，口頭表達可以即時觀察法官的表情，隨法官的反應調整陳述內容；至於書面表達也沒有一定的格式，主要以目的為導向，考量如何表達內容，原則以條理清晰、合乎法理情為主。如果無法以一份書狀清楚表達你想要陳述的內容，則可分次提出，如同章回小說一樣，前後書狀內容要連貫，最好能引法官入勝，容易閱讀。

就法官審理時的口頭表達，若法官只給你五分鐘的表達時間，千萬不要長篇大論，最好言簡意賅地陳述，當你看著法官的反應，發現你的陳述引起他的興趣後，即可順勢發揮，但千萬不要得意忘形，以免因小失大。

瞭解程序，正確回應

訴訟規定多如牛毛，當事人未必能完全熟悉程序規則。當你不懂法官提出的程序規定，且不知該規定的內容時，應採取更積極的態度。

一位朋友的案件涉及敏感議題，加上對方追訴多位被告，法官審判面臨巨大壓力，多次開庭勸諭雙方和解未果，最終詢問雙方是否願意「合意停止訴訟」。朋友不明瞭「合意停止訴訟」的程序規定，而他的律師也未解釋說明，使他誤以為即使合意停止，之後仍須判決，乃不同意法官的建議。

事實上，「合意停止訴訟」是要求原告在合意停止後的一定期限內，必須再主動請求「續行訴訟」，否則原先起訴的官司就「視同撤回」，此乃民事訴訟的程序規定。法官的建議或可調和我這位朋友與訴訟對造的利益，更可暫時解除法官審理的壓力，未必不利於雙方，他理應接受，且可投法官所好。

無奈這位朋友不瞭解相關程序內容，未接受法官好意，法官最終做出對他不利的判決；但同案另一被告同意與原告合意停止，暫時解除法官的審判壓力。果真，原告於合意時間到期後，撤回對另一被告的訴訟。

訴訟勝負原則上取決於「誰的主張有理」，但訴訟進行必須遵守程序規則。有時訴訟事實難以認定，有時因案件有前述客觀因素，造成法官審判的壓力，而以程序規定緩和雙方對立，若獲雙方接受，仍不失為解決問題的方法。

從上述案例可以看到，同一個訴訟，兩種結果。如果我那位朋友瞭解《民事訴訟法》所定的「合意停止訴訟」，相信他寧可接受，那麼至少有一半的機會，在合意停止期間屆滿時，對方可能不再繼續追訴。

從另一被告的角度觀之，他雖沒有取得勝訴，但因對方撤回起訴而遠離訴訟，未嘗不是可喜之事。因此，打官司除了必須把握訴訟事實外，尚須瞭解程序，才能準確回應法官審判，探知他的審判心理。

在另一個案例中，有位企業老闆不幸遭檢方起訴，一審法官要求他的辯護律師就檢方起訴事實提出「爭點整理」，且要求爭點內容愈詳細愈好，以方便法官未來的審判作業。律師照單全收，洋洋灑灑列出幾十項爭點內容。

所謂「爭點整理」是法律給予法官於審判開始前，有權要求訴訟雙方就相關案件事實，協調確定爭執的重點，以便於法官審理時可以針對「爭點事項」提出說明，讓法官聚焦在爭點事項的調查審理，以有效控管審理作業。

法律並未規定訴訟雙方必須提出爭點，但雙方一旦提出後，法官仍有權依雙方提出的爭點內容，決定最終版本的「爭點」。爭點整理是訴訟攻防的勝負關鍵之一，能否提出細膩的爭點內容，端視案件具體的情況而定。

就上述這名企業老闆的案件，他未必有充分證據可一一反駁檢方起訴的內容，如果依照法官指示提出細膩爭點，恐不利於他未來的法庭攻防。

而他的律師顯然沒有從對當事人最有利的角度整理爭點，反而為了不得罪法官，計畫提出細膩的爭點。我及時說服這名企業主，仍以最有利於己的方式簡化爭點，以測試法官的反應，而法官最終無意見地接受這名企業主的做法。

事後，這名法官因職位異動不再審理此案，而接手此案的法官也採用這名企業主所提出的簡化爭點內容進行審理。原來，先前的法官知道自己即將調職，乃要求這名企業主提出詳細的爭點內容，以便他有正當理由拖延審理時程，但他顯然已無心仔細審理此案件的爭點。幸好這名企業主沒有落入法官的圈套。

瞭解程序規定，正確回應法官的要求，是打好官司的基礎。對於法官的要求未必要照單全收，仍必須回歸法律規定的程序；如同打牌一樣，不能隨他人起舞，愈熟悉打牌規則，就愈能打一場好牌。如果你能熟悉訴訟程序的相關規定，就愈能夠正確回應與布局你的訴訟。

訴訟規定多如牛毛，當事人未必能完全熟悉程序規則。當你不懂法官提出的程序規定，且不知該規定的內容時，應採取更積極的態度，或請教法律專業人士，或查閱相關工具教材，以瞭解程序規定的意義，並正確回應法官的要求，絕不能坐以待斃，或消極不回應法官，否則最終仍是自己得承擔後果。

訴訟程序的規則無關乎實體爭執，但若能熟悉它，必能靈活運用。每件具體個案都有不同的操作手法，如同手中握有不同的牌，必有不同的牌法可運用，即使是沒有拿到好牌的人，仍能運用打牌規則，打出一場好牌。

慎選律師，並肩作戰

律師應該是帶領當事人走過訴訟大海的「領航者」，也是當事人遭遇訴訟挫折時的「安慰者」，更是訴訟問題的「解惑者」。

一位讀者來信提到他在打官司前，曾多方尋求律師的專業意見，他表示：「我因為勞資糾紛才開始接觸法律相關事項，這期間去過政府機構提供的免費法律諮詢，也做過律師事務所的半小時免費諮詢，不意外的是，免費諮詢的確得不到任何實質或有意義的幫助。」

他進一步提到：「我也曾付過律師費，一小時五千元左右的諮詢費對一般人而言是不小的負擔。我也曾經花錢聘請律師陪同出席協調會，但律師就真的只是陪同，沒有積極為我爭取權益。我也曾找過法律扶助，比免費諮詢還沒有意義。」

他又提到：「大多數律師都會含糊地回答，並將責任推卸到法官身上；當然我明白沒有穩贏的事，但法官不就是依據律師及當事人給的證據和證詞來做判定嗎？

若當事人跟律師沒有努力或能力，勝率自然就會下降吧！所以，我不是很能認同律師把責任推給法官。」

這名讀者最終無奈地表示：「目前律師市場的問題，使我無法找到一位可以信賴的律師，因此遲遲不知如何展開正義之戰。我不願意亂花錢，寧可仔細找尋心中的正義之士為我伸冤。」

看病找醫生，打官司找律師，似乎是理所當然之事。的確，律師與法官同為法律專業人士，且訴訟律師以打官司為生，按理說應是當事人與法官之間最好的溝通橋樑。

然而，近年來律師市場丕變，每年通過考試的新進律師愈來愈多，律師資格雖經考試就可取得，但訴訟經驗絕非一朝一夕能夠養成。律師不等於訴訟律師，訴訟律師不等於訴訟經驗豐富的律師，更未必是能與法官保持良好溝通的律師，當你計畫聘請律師打官司時，你想找什麼樣的律師呢？

上述的讀者一針見血地描述了目前律師市場的現況，也道出一位想用心打官司的當事人的心境。但不論律師市場如何變化，如果你有「自己是主人，律師是僕人」、「自立自強，監督律師」、「與律師並肩作戰，協助律師」等正確觀念，無論你的律師具備何種特質，你都能與他共同打一場美好的仗。

事實上，當事人聘請律師的目的無非是想藉由律師的法律專業，協助處理訴訟案件，降低犯錯的機率。有些知名律師固然處理過許多案件，經驗豐富，但他可能因為太忙而未必能親自為每一個委託人操刀。因此，慎選律師，不要盲目跟從他人選擇有名的律師。

選擇一位真心關注你案件的律師，要比選擇一位有名望的律師更重要。一個好的律師必須有時間親自為你分析糾紛事實，將糾紛事實區分為「有利於你」及「不利於你」的部分，然後將有利的事實轉化成法官容易瞭解的說詞，並在法庭審理上爭取有利的訴訟地位。如果你發現你所聘請的律師只是將你的案件視為他眾多案件之一，無法全心為你爭取權益，應考慮是否繼續聘請他處理訴訟，或者應技巧性地提醒他重視你的案件。

許多當事人明知律師操作手法不當，卻常因案件的相關卷宗仍由律師持有，而不敢更換律師。事實上，律師持有的卷宗都屬於當事人所有，只要當事人要求律師返還，律師沒有理由拒絕。當然，當事人應細心瞭解律師持有的卷宗內容，且必須用心關注自己的案件，而不是一股腦兒將所有事情交給律師，畢竟每位律師性格不同，未必都是負責任的好律師。

一位成熟的訴訟律師無須特別要求，便會主動協助當事人蒐集證據及釐清事實，且能提出訴訟操作的手法，並與法官溝通及草擬書狀。他應該是帶領當事人走過訴訟大海的「領航者」，也是當事人遭遇訴訟挫折時的「安慰者」，更是訴訟問題的「解惑者」。

你可以依照自己的需求選擇聘請律師服務特定的項目，以填補訴訟的不足。如果你有把握與法官溝通，或可請律師僅協助草擬書狀，或是單純提供法律諮詢。你應該先瞭解自己的不足，才能就不足之處尋找協助的律師。如果你積極與律師對話，律師必然會積極與法官溝通，而你也能夠在法庭上與法官進行對話，達成訴訟的初衷。

持守目的，化繁為簡

法官在審判中必須簡化雙方爭執的糾紛事實。若當事人能夠主動將自己的案件內容化繁為簡，等於協助法官的審理作業，更容易讓法官選擇採信你的說法。

在一起公寓住宅漏水的民事糾紛中，久遭漏水困擾的樓下住戶不得已起訴，請求樓上住戶配合修理，同時請求損害賠償。原告聘請律師起訴後，經法官開庭審理確認起訴程序合法，進入漏水糾紛的事實審理。

沒想到，這時律師竟然建議原告另外對被告提起「假扣押」的民事保全手段。律師的理由是擔心對方脫產，等到將來訴訟勝利後，恐無法獲得金錢支付。的確，民事假扣押的程序，是為了防止訴訟一方惡意脫產，造成另一方無法在勝訴後獲得滿足的財產利益。

不過，在這起漏水糾紛中，原告已經合法起訴，且對方正是擁有樓上不動產權利的所有人，雙方訴訟的主要爭執點恰好是此不動產，發生脫產疑慮的風險顯然不

持守目的，化繁為簡

高，原告實在沒有必要隨著律師建議，將原本操作正確的訴訟手段複雜化。但他不幸聽信律師之言，所請求的假扣押最終遭法官駁回，不僅無助於他既有的訴訟，還徒增法官審理假扣押的工作，他也因此必須多支付一筆律師費。

無論你是主動提起訴訟或被動涉入訴訟戰爭，都有訴訟的目的。訴訟制度固然是解決紛爭的方式，但制度設計未必能滿足每個具體個案的目的，在實施的過程中，必須權衡或調整訴訟手段，才能達到想要的結果。

換言之，如果你是發動戰爭的原告，通常想快速取得勝訴，訴訟手段宜「化繁為簡」，選擇核心目標，防止對方打擊，抓住核心問題，協助法官瞭解事實並盡速判決，達到速戰速決之果。相反的，如果你是被迫進入訴訟的被告，若一時無勝算把握，寧可擴大戰場，而以「化簡為繁」為手段，請求法官調查所有問題，以擾亂原告既有布局。

持守訴訟目的，確保手段一致，才能與法官保持良好的溝通，循序漸進拉近與法官的距離。訴訟目的猶如羅盤，定位訴訟的方向；而維持手法相同，也能持守訴訟目的，兩者相輔相成。訴訟不是隨興所致，更不能讓法官錯失案件的核心問題，且必須隨法官審判的態勢調整步伐。

上述案件的原告顯然只想解決漏水的問題，他與對方多次尋求協調未果，不得已才選擇打官司。而他原本起訴的內容已足以解決他的困擾，案件有好的開始，且以化繁為簡的方式，採取了必要的民事手段。

或許律師是為了增加收入，乃無端建議他提起假扣押的動作，而當事人不假思索地配合律師建議，實非明智之舉。他顯然沒有瞭解假扣押的目的，更沒有持守原先只想解決漏水問題的訴訟目的。

對於法官提出的任何要求，如果不合法或不合理時，當事人都有權提出質疑，更何況是律師提出的建議，尤須仔細詢問原委，反思是否合乎訴訟目的。如果你有些許質疑，寧可多詢問其他人，進行客觀衡量。

無論是否聘請律師協助打官司，當你決定踏上訴訟時，最好清楚記錄下自己的訴訟目的，且隨時提醒自己「不忘訴訟初衷」。尤其，訴訟展開後，或許因雙方交手攻防，遭對方攻擊而陷於情緒反應，不僅可能影響法官印象，更可能因情緒而誤判，忘卻原本的訴訟目的。

持守目的，化繁為簡

一般而言，法官在審判中必須簡化雙方爭執的糾紛事實，才能釐清問題根源，也才能做出裁判。如果當事人能夠主動將自己的案件內容化繁為簡，等於協助了法官的審理作業，更容易讓法官選擇採信你的說法，勝訴機率自然增加。

結語

美國知名法官理察·波斯納曾表示：「司法的心不是一面白板，它是透過法官的經驗、印象、性格與對外部資料的閱讀，而被形構並豐富的。」法官依個人的經驗、印象、性格、知識及生活體驗，在每件具體個案中，以判決理由展現他的綜合判斷。匯集所有法官的判決，便形成了我們的司法內涵。

長久以來，「法官造法」是各國司法實務的問題，迄今雖尚無定論，但法官判決足以影響社會風氣，是有目共睹的。過去，法官判決認定《刑法》的妨害風化罪必須提出捉姦在床的證據，才會判決有罪，使得此類犯罪常因舉證困難而難以成立；而誹謗罪經解釋必須行為人主觀上有「真正惡意」，才會判決有罪，使得《刑法》所定誹謗罪也很難成立，言論自由的界限模糊，造成現今社會充滿眾多口水戰，影響社會風氣甚鉅。

「司法是維護社會正義的最後一道防線」，是每個人都朗朗上口的一句話，但究竟應由誰來維護我們的司法呢？我想法官、檢察官、律師及所有法律專業人士，都責無旁貸，而舉凡足以影響社會風氣的政治人物、名流雅士、企業主等等，也應率先以行動尊重司法，才能引領社會群眾共同維護。

如果政治人物減少利用司法做為政治鬥爭的工具、企業主減少利用司法做為商業競爭的手段、律師們減少建議當事人提起不必要的訴訟、想打官司的人減少因情緒反應而提起訴訟，社會各階層的人都有一顆愛護司法的心，相信法官更能夠將心力放在必須透過司法解決的糾紛案件，也才能實現波斯納法官所言，司法因法官的智慧而豐富。

如果每位想打官司的人都能慎重考量訴訟目的、準備訴訟資料，並且冷靜面對訴訟可能的問題，再決定是否提起訴訟；如果每位訴訟當事人都能積極協助法官審理，幫助法官掌握糾紛事實，配合法官有效控管審理時程，那麼我相信法官必能展現他們的學養，在許多具體個案中寫出完好的判決理由。

在台大法律系同學畢業三十年的重聚時刻，可惜幾位堅守在法官崗位的同學，因家庭因素無法參加闊別多時的聚會。的確，法官雖受法律保障，享有獨立審判的空間，但他們無法排除個人與家庭所面對的實際問題。甚至，他們除了盡力辦理手中每位訴訟當事人殷殷期盼結果的案件，更必須面對每位敗訴者可能的嚴厲批判。

猶記數十年前，一位從事司法工作的大學學弟遭黑道人士在司法寓所開槍射殺，身中十幾槍，最終幸運保住生命，但因槍傷嚴重產生不少後遺症，四肢已不復以往活動自如。他當初衝鋒陷陣，深夜追查毒品，捉捕犯罪份子，最終卻因身體受傷被分派負責行政作業。國家固然保障了他的工作，但也改變了他的人生。

協助當事人處理訴訟案件時，曾巧遇擔任法官但久未謀面的大學學妹，她斑斑白髮與過去形象差異甚大，我訝異法官的審判工作竟可讓一位原本亮麗活潑的女孩改變至此！

我反思自己從事法律工作，協助當事人整理糾紛故事及處理訴訟事宜，所付出的時間和心血，連我妻子都常說：「你連說夢話都是在為當事人做法庭辯護。」訴訟與審判是一體兩面，對所有用心於此工作的人，以及用心打官司的當事人，都是身心的大考驗！如果你想打官司，能不慎重考慮自己的身心能否負擔嗎？如果你想打贏官司，能不好好協助法官，讓他瞭解你的案情嗎？

社會大眾對於司法及法官都有較高的期許，總希望法官有三頭六臂，能主動發現真相，做出正確的裁判。但誠如我在《你最好要知道的司法真相》一書所言，選擇擔任法官的人，如果沒有堅定的信念，恐將讓司法成為變形蟲，導致法官審判無法獲得社會信賴。

撰寫本書之際，有位朋友來電談及手中案件遭法官不當處理，連連抱怨目前的司法景況。我恰好在撰寫本書，乃以本書所理出的道理安慰他：「就是因為現今社會的情況，我們更應該慎重處理訴訟的每一個步驟，協助法官審理案件啊。」

固然，每個群體中都有好人及壞人，法官群體也是如此。身陷訴訟的朋友，如果遇到用心的法官，當然應以用心的態度回應法官；如果遇到不用心的法官或變形蟲法官，更是應該以用心的態度督促他們，使他們歸正，至少在你的案件上，應回歸謹慎態度，才能創造優良的司法環境。

多年前，我原以為天父安排我離開律師職場，是要我放下訴訟刀，從此退隱。沒想到，天父有更高的旨意，祂讓我陪伴孩子度過人生首要關卡，更讓我以一般人的身分貼近經歷訴訟的當事者，陪同他們一起體會訴訟的心情起伏。

在此期間，祂沒有讓我閒著，反而安排了信賴我的朋友與客戶，讓我依然從事法律服務，不僅來回兩岸協助他們處理訴訟問題，更讓我全程陪同好友走過海外法庭訴訟，以當事者的角度貼近訴訟，且以過來人的身分，觀看國外法官的審判，感受箇中滋味。

在過去暫時卸下訴訟戰袍的期間，我曾以旁觀者的地位協助好友及客戶，更務實地思考訴訟戰爭，發現許多訴訟問題之所以重複發生，主要原因之一，便是沒有從法官的角度去思考問題，自然無法與法官保持良好的溝通。甚且，如果訴訟當事人都能協助法官，以互利共贏的心態處理訴訟事宜，應能降低眾所非議的「恐龍法官」現象的發生機率。

重回律師職場多年，一方面將自己的體會用於繼續服務天父賜給我的客戶；一方面提筆寫下本書，藉由商周出版的專業團隊所提供的建議，多次修改本書內容，以期更符合讀者的需求與期待。

盼望本書能協助想打官司的朋友評估如何協助法官審判，以適時紓解環繞心中的糾紛心病；也為正在經歷訴訟過程的朋友們，適時解答所面臨的訴訟困境，使他們能夠不再經歷二度打擊。

本書能夠順利付梓並改版，該感謝一路走來關心及愛護我的親友，盼望天父賜福所有關懷我的親友，也願天父祝福：

想打官司的人做出智慧的決定。

正在打官司的人與法官有良好的互動，順利結束訴訟戰爭。

所有法官、檢察官做出智慧決定，造福群眾，維護社會風氣與秩序。

國家圖書館出版品預行編目資料

律師不會告訴你的事. 4, 如何在訴訟中說服法官 / 張冀明著. -- 二版. -- 臺北市 : 商周出版, 城邦文化事業股份有限公司出版 : 英屬蓋曼群島商家庭傳媒股份有限公司城邦分公司發行, 2024.10

面； 公分

ISBN 978-626-390-290-9(平裝)

1.CST: 訴訟程序 2.CST: 審判

586.4 113013962

人與法律95

律師不會告訴你的事 4 ：如何在訴訟中說服法官

作　　者／張冀明
責任編輯／陳玳妮

版　　權／吳亭儀
行銷業務／周丹蘋、林詩富
總 編 輯／楊如玉
總 經 理／彭之琬
事業群總經理／黃淑貞
發 行 人／何飛鵬
法律顧問／元禾法律事務所 王子文律師
出　　版／商周出版
城邦文化事業股份有限公司
台北市南港區昆陽街 16 號 4 樓
電話：(02) 25007008 傳真：(02)25007579
E-mail：bwp.service@cite.com.tw
Blog：http://bwp25007008.pixnet.net/blog
發　　行／英屬蓋曼群島商家庭傳媒股份有限公司城邦分公司
台北市南港區昆陽街 16 號 8 樓
書虫客服服務專線：(02)25007718；(02)25007719
服務時間：週一至週五上午09:30-12:00；下午13:30-17:00
24小時傳眞專線：(02)25001990；(02)25001991
劃撥帳號：19863813；戶名：書虫股份有限公司
讀者服務信箱：service@readingclub.com.tw
城邦讀書花園：www.cite.com.tw
香港發行所／城邦（香港）出版集團有限公司
香港九龍土瓜灣土瓜灣道 86 號順聯工業大廈 6 樓 A 室
E-mail：hkcite@biznetvigator.com
電話：(852) 25086231 傳真：(852) 25789337
馬新發行所／城邦（馬新）出版集團【Cite (M) Sdn. Bhd.】
41, Jalan Radin Anum, Bandar Baru Sri Petaling,
57000 Kuala Lumpur, Malaysia.
Tel: (603) 90578822 Fax: (603) 90576622
Email: cite@cite.com.my

封面設計／一一生活設計
排　　版／芯澤有限公司
印　　刷／韋懋印刷事業有限公司
經 銷 商／聯合發行股份有限公司
電話：(02) 2917-8022 Fax: (02) 2911-0053
地址：新北市 231 新店區寶橋路 235 巷 6 弄 6 號 2 樓

■ 2024 年 10 月二刷
定價 340 元

Printed in Taiwan

城邦讀書花園
www.cite.com.tw

ISBN 978-626-390-290-9（平裝）
ISBN 9786263902862（EPUB）